木村茂光　著

初期鎌倉政権の政治史

同成社　中世史選書　11

目 次

はじめに─問題関心と本書の構成─ 1
一 本書の問題関心 1
二 本書の構成 5
序 章 英雄論的武士論から職能論的武士論へ……11
一 武士像の転換 11
二 英雄論的武士論の成立と継受 12
1 英雄論的武士論の成立とその背景 12
2 英雄論的武士論の継受 13
三 職能論的武士論の登場と展開 14
1 職能論的武士論の登場 14
2 最近の研究動向 16
四 アジア史のなかの武士論 17
Ⅰ 前 史
第一章 一二世紀前半の武蔵国の政治情勢と村山氏……21
一 はじめに 21
二 村山党系図と秩父氏系図 23

三　一二世紀前半の関東の政治情勢　31
1　源氏の内紛　31
2　横山党の源為義代官殺人事件　32
四　一二世紀中葉の武蔵国の政治情勢　39
第二章　大蔵合戦と秩父一族……47
一　はじめに　47
二　大蔵合戦の経過と評価　48
三　大蔵合戦の要因　51
四　内乱期の秩父家督　56
五　むすびにかえて　59
第三章　武蔵国橘樹郡稲毛荘の成立と開発……63
一　はじめに　63
二　平治元年検注の意味　64
三　応保二年・長寛元年年貢押取事件の背景　66
四　稲毛荘の成立事情　69
五　承安元年の検注と稲毛荘の開発　71
六　むすびにかえて　73

Ⅱ　内　乱

第四章　黄瀬川と流人頼朝……77
一　はじめに　77
二　黄瀬川宿の構造　78
三　黄瀬川と頼朝　84
四　頼朝の政治的位置と木瀬川の境界性　88
五　むすびにかえて　94
第五章　鎌倉殿御使の政治史的位置……99
一　はじめに　99
二　鎌倉殿御使と鎌倉殿御使下文　102
1　鎌倉殿御使について　102
2　「鎌倉殿御使下文」について　106
3　小　括　109
三　元暦年間の畿内近国支配　110
1　畿内近国支配の評価　110
2　中原親能の位置　111
3　源義経の畿内近国支配　116
四　鎌倉殿御使派遣の目的　119
1　武士狼藉の実態　119
2　鎌倉殿御使の任務　123

五　むすびにかえて――「鎌倉殿御使下文」の意味――　126

Ⅲ　政権

第六章　富士巻狩りの政治史……133
一　はじめに　133
二　富士巻狩り以前の政治過程　135
1　建久二年、頼朝の政治過程　135
2　建久三年前半の政治過程　139
三　頼朝発給文書からみた建久二・三年　142
1　「前右大将家政所下文」と「将軍家政所下文」　142
2　頼朝発給文書の特徴　146
3　下文更改の諸段階について　148
4　小　括　150
四　富士巻狩りの政治的意味　151
1　富士巻狩りの準備過程　151
2　三原野・那須野の巻狩り　152
3　富士巻狩りとその影響　155
4　小　括　158
五　むすびにかえて　159

第七章 建久六年頼朝上洛の政治史的意義……165
一 はじめに 165
二 建久六年の「境迎え」 167
三 上洛と頼家の元服 172
四 建久六年以後の幕府支配体制の整備 176
五 建久六年の政治史的意義 179
第八章 阿野全成・時元および源頼茂の乱の政治史的位置……191
一 はじめに 191
二 阿野全成の乱と時元の乱 194
1 阿野全成と全成の乱 194
2 阿野時元の乱 197
3 小 括 200
三 阿野全成・時元のネットワーク 200
1 阿野全成と三条公佐 200
2 全成・時元と公佐をめぐる婚姻関係 202
四 源頼茂の乱の実相 207
五 むすびにかえて―時元の乱と頼茂の乱の政治的位置― 212
初出一覧 217
あとがき 219
索 引 221

はじめに―問題関心と本書の構成―

一　本書の問題関心

治承寿永の内乱から鎌倉幕府の成立に至る過程に関する研究は、頼朝の挙兵の契機、寿永二年一〇月宣旨の意義、守護地頭論、奥州合戦そして征夷大将軍就任問題など、枚挙にいとまがない。

しかし、この鎌倉幕府成立過程の研究には大きな問題点があるように思う。一つは、研究が文治年間までのものが圧倒的に多く、建久年間以後までを射程に入れた研究が少ないことである。すなわち、鎌倉幕府成立史研究といいながら頼朝政権成立史に止まっているのではないか、ということである。もちろん近年、川合康氏らの研究によって奥州合戦に関する分析も飛躍的に進み[1]、最近では、新しい史料の発掘によって頼朝の征夷大将軍就任についても議論が深められつつある[2]。しかし、全体的にみるならば、まだ政治史のなかに十分位置づけられているとはいえない状況にあるように思う。

さらにもう一つの問題点は、高等学校用日本史教科書などで、依然、鎌倉前期（とくに承久の乱まで）の国家を「朝廷と幕府の二重支配」などと叙述されていることに象徴的に示されているように、この間の政治史が朝廷と幕府との間の対抗関係として説明される傾向が強いことである。もちろん、平氏政権や源義仲勢力との対抗や寺社勢力との関係などを視野に入れた研究もあるが、占領政策や幕府権力として自立を実現していく過程において、頼朝政権・勢力内部における矛盾や対立が的確に評価されない傾向が強く、頼朝勢力がカリスマ頼朝を中心に最初からさも一枚岩であるかのようなイメージで叙述されることが多い。それは、多くの叙述が頼朝による幕府の創設が自明の前提になっていることによく反映されている。しかし、これは『吾妻鏡』の編者たちが「結果」論に基づいて、一三世紀後半に創り出した「神話」なのであって、『吾妻鏡』史観そのものなのである。

もちろん、これまでも頼朝と義経の対立、頼朝と武田氏との対立、さらには、梶原景時・和田義盛の乱など、幕府確立期における幕府勢力内部の対立・矛盾を扱った論文もあるが、やはり『吾妻鏡』に多くを依拠しているために、それらの行動は「反乱」として位置づけられる場合が多く、幕府権力成立過程における「可能性」として議論されることは少ない。その意味では、最近、高橋昌明氏によって「福原幕府」の可能性が提唱され、(3)入間田宣夫氏も「平泉幕府」など「いくつかの幕府」が存在した可能性を指摘されていることは注目される。(4)その正否は今後の検討のなかで明らかにされていくであろうが、『吾妻鏡』史観、とくに承久の乱以前の頼朝による鎌倉幕府草創「神話」のベールを剥がすためには必要な問題提起だといえよう。そして、両氏の「幕府」論に学びながら、それ以外の事象についても「いくつかの可能性」を追究してみることが肝要でないかと考える。

以上、鎌倉幕府成立史研究のもつ問題点を二点指摘したが、本書所収の諸論文がその当初から上記のような問題関心のもとで執筆されたわけではない。

私がこのような問題関心をもつようになったのは、「Ⅱ　内乱」に収めた「鎌倉殿御使の政治史的位置」である（第五章）。その「はじめに」にも書いたように、それを考える重要な契機となった論文は大山喬平氏の「文治の国地頭をめぐる源頼朝と北条時政の相剋」である。[5] そのとき、私が着目したは大山氏の次のような文章である。

反省すべき点は、国地頭政策の推進主体、あるいは政策をめぐる政権内部の対抗関係にほとんど注意がはらわれていないことではなかろうか。一つの政策について、政権内部に対抗関係が存在しなかったかのように最初からきめてかかることはまちがいである。

この文章を読んで、私は次のように考えた。

この文章は、最初の「国地頭政策」の部分の「国地頭」の語句を取れば、内乱期の政治史分析全般に通用する視点と評価することができるであろう。

とくに、院＝朝廷、平氏、義仲が内乱期の政治の中心舞台である京都にいて、または入京してきて、直接合戦やかけひきを演じたのに対して、頼朝勢力の場合は、頼朝が一貫して鎌倉を離れなかったが故に、権力すなわち政策の立案主体は鎌倉に、そしてそれを実行する実践部隊は京都・近国に派遣されているという二重構造を取らざるを得なかった。

これはあくまでも「鎌倉殿御使」の研究に引き付けた評価になっているが、この「政権内部の対抗関係」の存在という指摘は、これまであまり重視されてこなかっただけに、初期鎌倉政権の政治史を貫通する重要な視点であると実感した。その意味でも、「鎌倉殿御使」に関するこの論文は、私の鎌倉初期政治史研究の原点でもある。

実は、大山氏のこの文章を読んで上記のような考えをもつに至った要因がもう一つあった。それは、この論文を発表した際、最後に「付記」として記してあったが、煩雑になるので本書に所収するにあたって削除したので、やや長文になるが紹介しておきたい。

私が、本稿の構想をもったのは、はるか四半世紀前、河音能平氏のもとで教えを受けるようになった時であった。私が大阪市立大学の博士課程に入学を許された一年目に、大学院のゼミで行ったのが『鎌倉幕府裁許状集』の演習であった。そこで私は、『鎌倉幕府裁許状集』の第一号文書が割り当たった。北条時政の署判のある文治二年三月一七日付けの裁許状である。それまで、社会経済史しか勉強してこなかった私は史料の中身が検討できずに、その形式ばかり気になっていたのである。その時考えたのが、文治二年という段階で、「鎌倉殿下文」などが副えられているにしても、北条時政が裁許状を発給できるのはどのような権限に基づくものであろうか、ということであった。そこで少しずつ調べていくうちに義経の発給文書を知り、さらに鎌倉殿御使下文を知って、恥ずかしながら初期頼朝政権の内乱期の発給文書は頼朝文書だけではなく、多様な形式の文書が発給されていることが理解できたのである。本稿は、当時得た着想をもとに、その多様な発給文書を内乱史のなかに位置づけてみようとしたささやかな試みである。

このような二つの要因をもとに書き上げたのが「鎌倉殿御使」に関する論文である。最初、論文名を「鎌倉殿御使下文の政治史的意味―初期鎌倉政権発給文書の研究―」としたのは、当時は後者の要因に重きをおいていたためである。

論文名はともかくも、そこでは鎌倉殿御使発給文書と頼朝代官としての義経の発給文書の形式・内容の違いに着目しながら、占領軍指揮者としての義経の「自専」行為とそれによる政治的混乱、一方、朝廷・院との協調という頼朝の意図に基づいてその混乱を鎮めるべく派遣された御使の役割とについて言及した。まさに大山氏の「政権内部の対抗関係」の存在という問題提起を内乱期の頼朝と義経との間で考えたに過ぎないが、この問題提起の重要性というか可能性を確認することができたように思う。

以上、私が初期鎌倉政権の政治史に関する研究を始めるにあたっての二つの問題意識と、その直接的な契機となった二つの要因について記した。最初から政治史研究を目指してきたわけではないので、いまから思えば、素朴で稚拙な問題意識だと恥じ入るばかりであるが、一書を刊行するに際して、問題意識と契機を明記するのが読者に対する礼儀と思い、思い切って記した次第である。

「Ⅱ　内乱」、「Ⅲ　政権」に収めたその後の論文も、ほぼ同じような問題関心に基づいて執筆されているが、内容的はすでに「本書の構成」に入っているので、その後の論考については節を改めて紹介することにしたい。

二　本書の構成

本書は「Ⅰ　前史」、「Ⅱ　内乱」、「Ⅲ　政権」の三部によって構成されているが、「Ⅰ」と「Ⅱ」「Ⅲ」ではやや趣を異にする。それは各論考の仕事の場そして発表の場の違いによるところが大きい。

「Ⅰ　前史」に収めた三本は、一二世紀の関東における政治情勢を、秩父氏などの武士団の動向に焦点をあてながら論じたものである。それぞれ執筆の意図があり、当初から「内乱」の究明を目指したものではないが、奇しくも内乱前夜の武蔵の武士団、合戦、荘園を扱っていたので、「前史」としてまとめることにした。

発表年次は章構成とは逆で、第三章の「武蔵国橘樹郡稲毛荘の成立と開発」が一番早い。これは一九九〇年度の地方史研究協議会多摩大会に向けての「問題提起」として、『地方史研究』第二二七号に掲載されたもので、私が中世の東国・関東について執筆した最初の論考である。わずかに残った二通の関連史料を用いて、一二世紀後半の稲毛荘の動向と開発とを分析した。そこで、稲毛荘の摂関家領荘園としての成立が武蔵国守藤原信頼と源義朝との連携に拠るものであること、平治の乱以後、武蔵国守が平氏に代わることによって大きな混乱に陥ることなど、荘園支配の動向と地方支配の政治とが密接に関連していたことを明らかにできたと思っている。その後、本論文の内容が『川崎市史　通史編1』で紹介され、私の分析がそれほど的はずれでなかったことを確信できたことは、私が中世東国の政治史研究を続けていく上で大きな財産となった。[6]

第二章の「大蔵合戦」に関する論考は、峰岸純夫氏の「鎌倉悪源太と大蔵合戦」[7]に触発されて執筆したもので、大蔵合戦の当事者秩父重隆の子能隆が「葛貫別当」を称していること、秩父重隆・源義賢と源義平との合戦であるにもかかわらず大きな政治的事件になっていないことなどから、秩父一族内部の家督をめぐる矛盾さらには義平の背景にいる信頼・義朝との連携などについて言及した。[8]

第一章の「村山党」に関する研究は、「東村山市史」の編纂に携わるなかで考えたことで、『武蔵七党系図』のなかの「村山党系図」の記載が一二世紀中葉以降詳しくなること、それに反して村山氏という嫡流がみえなくなること、などを手がかりに、一二世紀前半の武蔵国の政治情勢を源氏一族の内紛、横山党の殺人事件、さらには第二章で分析した大蔵合戦などを含み込んで分析したものである。ここでも源氏の武蔵国支配と平治の乱の敗北による平氏の武蔵国支配へという政治の転換が村山氏をはじめとする武蔵国の武士団に大きな影響を及ぼしたことなどを論じた。[9]

「Ⅱ　内乱」には二本を収めた。第四章「黄瀬川と流人頼朝」は「沼津市史」編纂に携わるなかで着想を得たもので、第七章の「建久六年頼朝上洛の政治史的意義」と同じ問題意識のもとで執筆した論文である。ここでは沼津市と三島市のほぼ境を流れる木瀬川が駿河国と伊豆国の境界となっており、それに足柄の関を加味することによって関東の東境にもなっていること、そして、富士川合戦を除くと、頼朝は建久元年（一一九〇）の最初の上洛までその木瀬川を越えなかったのではないか、という発想のもと、頼朝の流人としての性格と黄瀬川（この場合は「黄瀬川宿」を意味している）の境界性について論じている。分析の過程で、富士川の合戦を関する『吾妻鏡』の記事に疑義を呈したが、いかがであろうか。

第五章「鎌倉殿御使の政治史的位置」については「一　本書の問題関心」で詳しく触れたのでここでは略する。「Ⅲ　政権」には、いわゆる建久年間以後の頼朝政権の動向を扱った三本の論文を収めた。これらはすべて「沼津市史」編纂の過程で着想を得て執筆したもので、第八章「阿野全成・時元および源頼茂の乱の政治史的位置」だけは新稿である。

第六章「富士巻狩りの政治史」は頼朝が行った当該期の巻狩りが富士の裾野だけでなかったことをヒントに、奥州合戦の勝利によって統一政権の地位を獲得し、かつ最初の上洛によって朝廷から政治的な地位を得た頼朝が、その直後なぜ三カ所もの場所で巻狩りを行わなければならなかったのか、その政治的要因を検討したものである。富士巻狩り後の政治史についてはまだ未解決な部分もあるが、最初の上洛以後の頼朝発給文書の変遷についても私なりに「合理的」な解釈を試みたつもりである。

第七章「建久六年頼朝上洛の政治史的意義」は、先述したように、第四章と同じく黄瀬川の境界性にヒントを得て執筆したものである。上洛の帰路に国境ごとに行われた「境迎え」の意味を考えつつ、この上洛が「大姫入内」問題だけでなく、二代将軍頼家の元服問題を抱えていたこと、そしてそれに後鳥羽天皇が関与していたことなどを指摘するとともに、そのことによる頼朝権力内部の「矛盾」についても言及した。

第八章「阿野全成・時元および源頼茂の乱の政治史的位置」は、これまで本格的に議論されることがなかった阿野全成の乱、同子息時元の乱、そして時元の乱の直後に起こった源頼茂の乱を復元しつつ、それらの政治的な位置を考えようとしたものである。全成の娘と三条公佐との婚姻関係を切り口に、全成の乱はともかくも、時元の乱に際しては「院宣」が出されるような政治的環境があったこと、頼茂の乱もその背景に後鳥羽上皇の「思惑」があった可能性が高いことなどを明らかにすることを通じて、時元・頼茂の乱が、その要因や経緯には異なる点があるものの、ともにこの後に起こる承久の乱の前哨戦としての位置をもっていたことを指摘した。

以上、「Ⅲ」では、建久年間の前半（第六章）と後半（第七章）、そして承久の乱直前（第八章）の政治史を検討することによって、文治年間を中心としてきたこれまでの鎌倉幕府成立史研究に疑義を呈するとともに、挙兵から奥州合戦、そして征夷大将軍の就任をもって「名実ともに」鎌倉幕府が成立した、というような理解の問題性についても指摘した。

もちろん、本書所収の論文だけでこれらの点が解決できるはずもないし、問題提起しただけですべては今後に残されたまま、という意見も当然出てくるであろう。実際のところ、そのような反論が出てくるだけでも本書の役割は十分果たされた、と思う。『吾妻鏡』史観、『吾妻鏡』の「神話」が問題にされ、議論されてきてはいるが[10]、まだまだ「頼朝政権」成立史という色合いは払拭されていないように思う。本書が、『吾妻鏡』史観・「神話」を克服するための捨て石になれば望外の幸せである。ご批判をお願いしたい。

注

（1）川合『鎌倉幕府成立史の研究』（校倉書房、二〇〇四年）、同「鎌倉幕府研究の現状と課題」（『日本史研究』第五三一号、二〇〇六年）。本書の刊行にあたっては、とくに後者の論考を参考にさせていただいた部分が多いことを記して、謝意としたい。

（2）櫻井陽子「頼朝の征夷大将軍任官をめぐって」（『明月記研究』第九号、二〇〇四年）など。

（3）高橋『平清盛　福原の夢』（講談社選書メチエ、二〇〇七年）、同「六波羅幕府という提起は不適当か」（『日本史研究』第五六三号、二〇〇九年）など。

（4）入間田「義経と秀衡—いくつかの幕府の可能性をめぐって—」（宮城学院女子大学キリスト教文化研究所『研究年報』第三九号、二〇〇六年）、同「平泉藤原氏と北関東の武士団」（高橋修編『実像の中世武士団』高志書院、二〇一〇年、所収）など。

（5）『京都大学文学部研究紀要』第二一号、一九八二年。

（6）『川崎市史　通史編1』第三編第一章「第一節　稲毛荘のすがた」（石井進・松原誠司氏執筆、一九九三年）。

（7）初出一九八八年。岡田清一編『河越氏の研究』（名著出版、二〇〇三年、所収）。峰岸氏は、拙稿に対する批判も含めて、「大蔵合戦と武蔵武士」（初出二〇〇八年、峰岸『中世の合戦と城郭』高志書院選書、二〇〇九年、所収）を著している。参照願えれば幸いである。

（8）大蔵合戦の当事者の一人秩父重隆が有していた「武蔵国留守所総検校職」については、最近、菊池紳一「武蔵国留守所総検校職の再検討」（『鎌倉遺文研究』第二五号、二〇一〇年）が発表され、それまでの理解が根底的に批判されている。参照されたい。

（9）近年の関東武士団研究の進展は目をみはるものがある。当面、注4の高橋修編『実像の中世武士団』所収論文、野口実『源氏と坂東武士』（吉川弘文館、二〇〇七年）、『歴史評論』第七二七号（「特集／地域を探る・一二世紀の北武蔵」、二〇一〇年）所収論文などを参照されたい。

（10）たとえば、五味文彦『増補　吾妻鏡の方法』（吉川弘文館、二〇〇〇年）など。

序章　英雄論的武士論から職能論的武士論へ

一　武士像の転換

一九八〇年代までの日本中世史研究において、侍＝武士は歴史の変革主体＝英雄としての地位を与えられていた。すなわち、古代社会から中世社会への転換を生み出す社会集団＝原動力として評価されていたのである。しかし、一九九〇年に入るころから、そのような評価に批判が加えられるようになり、その結果、武士の歴史的な地位は大きな変容を迫られている。

詳細は後述するが、その変容を端的に示したのが、本稿の表題である「英雄論的武士論から職能論的武士論へ」である。すなわち、歴史の変革主体としての側面よりは、一つの社会集団＝社会階層としての侍＝武士の職能的特質に注目し、彼らの歴史的な性格と意義を考えようとする方向への転換である。

このような重要な時期に、ドイツ・スペイアー市歴史博物館において、「侍」の特別展示が開催されることは大きな意義があると評価したい。その意味は第二節で述べる。

二　英雄論的武士論の成立と継受

1　英雄論的武士論の成立とその背景

日本史のなかに「中世」という時代区分を適用し、その歴史的主体として侍＝武士を位置づけたのは、原勝郎氏（京都帝国大学〔現京都大学〕教授）であった。原氏は、一九〇六年（明治三九）に『日本中世史』（冨山房）を著し、古代貴族政権に代わって鎌倉幕府を樹立した東国の武士団を高く評価したのであった。

その特徴を簡潔に指摘すると、①中世＝暗黒時代観の否定、②古代文化は唐から渡来した皮相文明、③鎌倉時代は日本文明の健全なる発起点、④粗野ではあるが腐敗の少ない東国地方は刷新の発源地であり、それを主導したのが東国の武士団、となる。

以上の諸点からわかるように、原氏は、日本の古代文明は唐から輸入された皮相文明に過ぎず、それ故に平安時代の貴族政権は次第に腐敗・頽廃していったのであり、それに代わって中世社会を成立させたのが粗野ではあるが腐敗の少ない東国の武士団であった、というのである。原氏のこの理解が、英雄＝変革主体としての武士像であることは明らかである。

では、原氏が明治時代末期に上記のような武士像を作りあげることができた要因は何であろうか。実は、この背景にはドイツ実証主義歴史学の影響があった。明治政府は、日本を近代化する方策の一つとして学問の近代化を図るために、多くの研究者をヨーロッパから招請した。そのうちの一人がドイツ人の歴史学者リース（Riess,Ludwig）であった。彼はドイツ実証主義歴史学の第一人者であったランケ（Leopold von Ranke）の弟子で、一八八七年（明治二〇）東京帝国大学の教師に招かれ、西洋史を教授した。原氏はその教え子の一人であった。原氏が『日本中世史』のなかで、たびたびタキトゥス（Tacitus）の『ゲルマニア』（Germania）を引用し、さらにはランケの「羅馬史」（ローマ史）までも引用していることからみても、原氏のこの著書の背景に、リースを通じて習得したランケに代表されるドイツ実証主義歴史学の知識があったことは間違いない。象徴的な箇所を紹介すると、一〇世紀中頃に東国で起きた平将門の乱の戦闘に関する記述のなかで、原氏は、

該言すれば、当時の東国はタキッスが記述せる羅馬帝政時代の独逸人種の部落に彷彿たるものなりしなるべし。

と述べ、その後に英語訳の『ゲルマニア』の該当箇所を引用しているほどである。

この引用からも理解できるように、原氏は、腐敗した古代文明をギリシャ・ローマ文明に求め、中世社会形成の原動力を草深いヨーロッパの原野から興ってきたゲルマン民族に求めるという、当時のドイツ実証歴史学の理解をベースに、皮相で腐敗した日本の古代文明を打破し、健全な中世社会を成立させた原動力を草深い東国に興った武士団に求めたのであった。すなわち、原氏にとって日本史における「武士」の発見とは、日本史のなかにヨーロッパ、なかでもドイツの「中世」を発見することでもあった。

2　英雄論的武士論の継受

原氏が描いた武士を代表者とする日本中世史像は、戦中そして戦後においても継受された。それは、戦後の日本中世史研究を代表する石母田正氏の仕事によく現れている。

石母田氏の戦後の仕事を代表するのが『中世的世界の形成』（石母田　一九四六）である。この著作を貫く基本的な課題は、貴族や寺社の所領である荘園の古代的性格を払拭し、いかにして東国に興った武士＝在地領主が中世社会を

形成するに至ったか、という道筋を明らかにすることであった。本書は、伊賀国（現三重県）の荘園を舞台に、中世社会の担い手である在地領主と古代勢力としての荘園領主東大寺との葛藤を、一一世紀から一四世紀にかけて描いた雄編で、中世史研究だけでなく戦後日本の歴史学全体に大きな影響を与えた。

石母田氏においては、マルクス主義歴史学の影響を受けて、武士は「在地領主」と理解され、中世は封建制社会と理解されているが、中世社会を成立させ、封建的生産様式を形成・発展させる主体として在地領主＝武士が高く評価されている点では、原氏の理解と基本的に変わっていない。逆に、原氏の理解が貴族対武士という政治勢力の対立・克服として描かれていたのに対して、生産様式論という経済構造までも含み込んでその変革が叙述されたことによって、在地領主＝武士の変革主体としての性格がより明確になったといえよう。

武士＝在地領主という直接的な理解に問題点がないわけではないが、石母田氏の影響は大きく、領主制論は戦後の日本中世史研究をリードする理論として多くの研究者に受け入れられ、発展させられた。

三　職能論的武士論の登場と展開

1　職能論的武士論の登場

このように圧倒的な位置を占めた英雄論的武士論が見直されるようになった契機は、戸田芳実氏の中世成立期の軍制に関する研究であった（戸田　一九九一）。戸田氏は、中世武士の前提と評価されてきた平将門や、彼と同時期に東国民衆の反乱の鎮圧に活躍していた階層の分析を通じて、彼らの多くが源氏・平氏や藤原氏などの貴族の出身であり、東国の治安を維持するために都から派遣され、そのまま土着した者たちであることを解明し、彼らを「軍事貴族」と呼んだ。武士の発生源は草深い東国にあったのではなく、逆に東国民衆の抵抗を制圧するために、都から派遣された軍事を専門とする下級貴族にあったのである。この仕事が契機となって職能論的武士論が生み出された。

戸田氏が「軍事貴族」という概念を提起したころ、さまざまな側面で日本中世史像の見直しが開始された。まず第一に、政治的には、衰えたとはいえ朝廷＝公家勢力は存続しているし、比叡山延暦寺を頂点とする寺社勢力の政治力も無視できない状況のなかで、鎌倉幕府だけを中世国家と評価できるのか、という疑問である。その結果、公家が政務・儀式を、幕府が軍事力を、寺社が宗教とイデオロギーを分担して、この三つの権門が相互補完しあって中世国家を維持していたという、中世国家＝「権門体制」という考え方が提唱された。

第二に、経済的にも、中世社会を生み出す生産力の発展は武士＝在地領主だけが担ったのではなく、生産を向上させようとする民衆の絶え間ない努力と、その成果を守り発展させるために繰り返された支配階層への抵抗・闘争もまた中世社会を生み出す原動力として評価しなければならない、という見解も現れた。

第三に、実はこの仕事の成果が大きいのだが、中世身分論の進展である。もちろん、以前から武士＝侍の身分に関する研究はあったが、他の諸身分との比較で論じられることは少なかった。しかし、一一世紀前半に成立した漢文学作品「新猿楽記」などを中心にそれが論じられるようになった。「新猿楽記」は、あるとき、猿楽を見物に来た下級貴族の一家（娘一六人・息子九人）を素材に、さまざまな職業尽くしを試みた漢文学である。

作者は、職業尽くしの基準を「各善悪相頒れて、一一の所能同じからず」と明記した。職業の善悪ではなく、一つ一つの「所能」＝職能の違いに注目したい、というのである。そして、作者は次女の夫として「武者」を登場させた。次女の夫である「武者」の職能が、長女の夫である「博打」、三女の夫「田堵」＝農民、四女の夫「鋳物師」などの職能といかに異なった特性をもっていたか、が問題なのである。説明のなかで、作者は「武者の職能はまず弓馬の道に優れていること、そして何よりも合戦の上手であることだ」といい切っている。馬上から弓を射ることが武士の基本技術であり、それを用いて合戦に勝利することこそ武士の職能だと評価したのである。この評価は、前述した戸田氏の「軍事貴族」に通じることは明らかである。

2 最近の研究動向

以上のような研究を経て登場してきた職能論的武士論は、近年さらなる進化をみせている。その代表的な内容を紹介しておこう。

その一つが武士の発生史に関する研究である。職能論的武士論の牽引車の一人でもある高橋昌明氏は、武士が貴族政権内部から成立してきたことを重視し、その源流を内裏を警護する近衛官人に求め、その特質と武士への変容を解明しようとしている（高橋　一九九九）。第二は、武士の職能である武具や合戦に関する研究の進展である。有職故実に関する研究を基礎に、弓矢と刀剣の武具としての比較を行いながら中世的武具の成立を究明する研究が進められている。第三は、それら武具の研究を前提に、中世における合戦・戦闘の具体像に関する研究も進んだ。前述した高橋氏もまた騎射の技術やそれと連関する馬具の分析を通じて中世の武芸と戦闘の解明を目指している。第四は、鎌倉幕府成立史の際の重要史料である『吾妻鏡』『平家物語』を批判的に検討して、源平内乱期の合戦を素材に、弓矢・刀剣による華々しい戦闘の裏側で、堀を掘ったり、バリケードを作ったり、農村から工作兵を徴発したりしていた実態なども明らかにされている。職能論的武士論は中世の合戦の複合的な実態の解明を可能にしたのである。

一方、東国、在地領主から解き放たれた武士論は、武士と京都・朝廷との関係の深さに関する研究をも発展させた。第五点目である。武士の身分的確定が朝廷など貴族社会との関係で成立することを重視する視角から「京武者」という概念が提起されているし、幕府成立以前における関東武士団と京都・朝廷との関係の深さも議論されるようになった。

このように、職能論的武士論の展開は、それまで貴族政権に代わって中世を成立させた変革主体、または中世社会を生み出す政治的・生産力的主体として評価される傾向が強かった武士の存在形態とその性格を、「職能」をキーワードにして豊かに書きかえつつあるといえよう。その結果、対立的に扱われる傾向が強かった貴族と武士、朝廷と武家政権の関係の評価も大きく変化し、新たな中世史像の形成が模索されているのが現状である。

しかし、職能論的武士論にも批判がある。それは、先ほども述べたが、職能論的武士論が在地領主論から解放された結果、武士研究が古代から中世への移行を導いた歴史的主体に関する研究とまったく関係なくなってしまったことである。上記のような、武士と京都・朝廷との関係を重んじる研究に対して、在地領主論とも関連する地方の軍制との関係から武士論を立ち上げるべきだという研究があることも指摘しておこう。

四　アジア史のなかの武士論

武士＝侍の見直しは、職能論的武士論だけではない。武士は軍事力＝暴力の担い手である、という職能論的理解の進展とアジア史との研究交流が盛んになるなかで、一国史の枠を超えた武家政権の理解が登場した。

日本史という一国史の範囲で理解していると、一二世紀末の鎌倉政権の成立以来江戸幕府の滅亡する一八世紀後半まで、約八世紀にわたって武家政権が続いたことは普通の常識的な理解であったが、アジア史のなかで考えたとき、日本における武家政権の継続期間が異常に長いことにようやく気づいたのである。すなわち、中国では王朝が交替しても一貫して科挙に基づく官僚制によって国家権力が支えられていたし、朝鮮・韓国においても、一二世紀末から一三世紀後半にかけて一時期武人政権は成立するものの、その後はふたたび文人政権に戻り、二〇世紀前期まで朝鮮王朝が継続したことは周知の事実である。

ではなぜ、日本では八世紀間にもわたって暴力を旨とする武家政権が継続したのか。この疑問に対する解答はまだ出されていないが、日本がアジアにおける最高の文明である中国文明の最東端に位置しており、かつ古代と中世の一時期を除いて、中国帝国の冊封体制にも組み込まれることがなかったため、進んだ中国文明の影響を受けることが少なく、官僚制＝文人政権も未発達に終わってしまったのではないか、とする見解も出されている。

職能論的武士論を経過することによって、原・石母田両氏とは正反対の武士像が提出されることになったことが理解できよう。いま、その当否を確定することはできないが、今後、日本における武士＝侍の歴史的特質の究明を目指すとともに、アジアのなかにおける日本の武家政権の継続の意味についても広く検討することが求められていることは間違いない。

【主な参考文献】

石井進「日本史における『中世』の発見とその意味」(一九七一年、同『石井進著作集』第六巻、岩波書店、二〇〇五年、所収)。
石母田正『中世的世界の形成』(一九四六年、一九八五年復刊、岩波文庫)。
高橋昌明『武士の成立　武士像の創出』(東京大学出版会、一九九九年)。
戸田芳実「国衙軍制の形成過程」(一九七〇年、同『初期中世社会史研究』東京大学出版会、一九九一年、所収)。
原勝郎『日本中世史』(一九〇六年、一九六九年復刊、「東洋文庫」一四六巻、平凡社)。

I 前史

第一章　一二世紀前半の武蔵国の政治情勢と村山氏

一　はじめに

平安時代末期の関東の政治情勢を考えるとき、伊豆国に流されていた源頼朝の挙兵を抜きにすることはできない。しかし、その頼朝の挙兵を考えるためには、千葉氏・上総氏や秩父氏をはじめとする関東土着の武士団の存在と動向もまた欠かすことができないことも明白である。頼朝挙兵以前の関東の武士団の動向とそれら武士団と頼朝との関係の特質を一貫して追究してきたのが野口実氏の研究である(1)。氏はこのような課題を主に上総・下総両国と相模国の武士団を素材に研究を進展させてきた。とくに千葉氏・上総氏の研究は、さまざまな史料を博捜した実証によって裏付けられており、研究水準を大きく高めた仕事として評価は高い。

氏の精力的な研究に比して武蔵国を素材とした武士団研究はそれほど進展しているとはいえない。私もその空白を埋めるべく一・二の小論を書いたが(2)、本章では秩父氏のような大武士団ではないが、武蔵国武士団の一つである武蔵七党のうちのさらに一つである村山党に焦点をあてながら、一二世紀前半の武蔵国を中心とした関東の政治情勢について考えてみたいと思う。

武蔵七党とは、平安時代末期から室町時代にかけて武蔵国に存在した同族的武士団の総称であるが、当時の呼称ではなく中世後期になって定着した呼称であると考えられている。七党が具体的に何党を指すかも一定していないのが現状である。たとえば「武蔵七党系図」(3)では野与・村山・横山・猪俣・西・児玉・丹を七党といい、『節用集』(4)では丹治・私市・児玉・猪股・西野・横山・村山を七党としている。さらに村山党の代わりに綴(都築)党を入れたり、私市・綴党を除いて野与・村山党を入れるなど、一定をみない。

また、それぞれの党が始祖と仰ぐ人物も、野与党と村山党は桓武平氏の流と称し、横山党・猪俣党は小野篁を始祖と称し、西党が大化前代以来の土着勢力である日奉氏、児玉党も同じく大化前代以来の丈部氏、丹党も同じく多治比氏の子孫であると称しているように、それぞれまちまちでまとまりをみせていない。後述するように、一二世紀前半の武蔵国を中心とした関東の政治情勢の変化が、始祖をそれぞれに仰ぐ同族的小武士団を政治的に結合させることになったと考えられよう。

いまも述べたように、武蔵七党の、したがってそのうちの一つである村山党の存在形態を考えるためには、第一に、武蔵国の大武士団秩父氏の存在と動向に留意しなければならないことはいうまでもない。そしてその上で、さらに注目しなければならないのは、源氏の関東支配の問題である。これも後述するが、一一世紀後半の源義家のころから源氏は相模国を中心に武蔵国、さらに関東に支配権を伸張させていたが、義家の死後その支配権は大きく動揺することになった。このような動きが武蔵国の武士団に影響を与えないはずがないであろう。それは、いくら同族的な小武士団の一つであるとはいえ、村山党にも影響を与えたに違いない。武蔵国、そして関東の政治情勢のなかで村山党を考えてみようという意図は以上のとおりである。

二　村山党系図と秩父氏系図

さて村山党は、前述のように桓武平氏の平頼任を始祖と称している。「武蔵七党系図」の中の「村山党系図」によれば、頼任は、「村岡五郎」と称し関東の「桓武諸平氏祖」といわれる平良文の孫で、長元元年（一〇二八）に反乱を起こした平忠常（系図では「忠恒」）の兄弟である胤宗の孫、すなわち良文の四代後であると称している。また、「千葉氏系図」(5)によれば、頼任は忠常の子恒親の孫となっており、祖を良文に求める点が一致しているだけで、相当食い違っている。この点だけからでも頼任の出自に信用を置けないことは明白であるが、ただ両者とも、頼任を平忠常の二代、ないし三代後の人物であるとしている点は重要である。忠常は乱に敗れた後京都へ護送される途中、長元四年（一〇三一）に美濃国で死亡したといわれているから、一代二〇年前後として計算すると、頼任は一一世紀後半、それも第四四半期ころに活躍した人物であることが推定できるからである。武蔵七党の一つ横山党の横山野大夫経兼が前九年合戦（一〇五一～六二年）に源頼義の軍に参加していることが知られるから(6)、村山党の始祖もこのころに求められたのであろう。

一応、以上のように村山党の始祖頼任の活躍年代を確認した上で、実際に村山党系図の特徴を検討することにしたい。

第一に注目したい点は、始祖頼任と子頼家の肩書きである。系図によれば頼任は「村山貫首」と記されており、頼家も「同」とあって、両者が村山貫首と称されていたことがわかる。「貫首」とは「貫主」とも書き、貫籍の主の謂いで、戸籍などに登録された者たちの長を指す言葉であるから、ある集団の長を意味するのであろう。武蔵七党のな

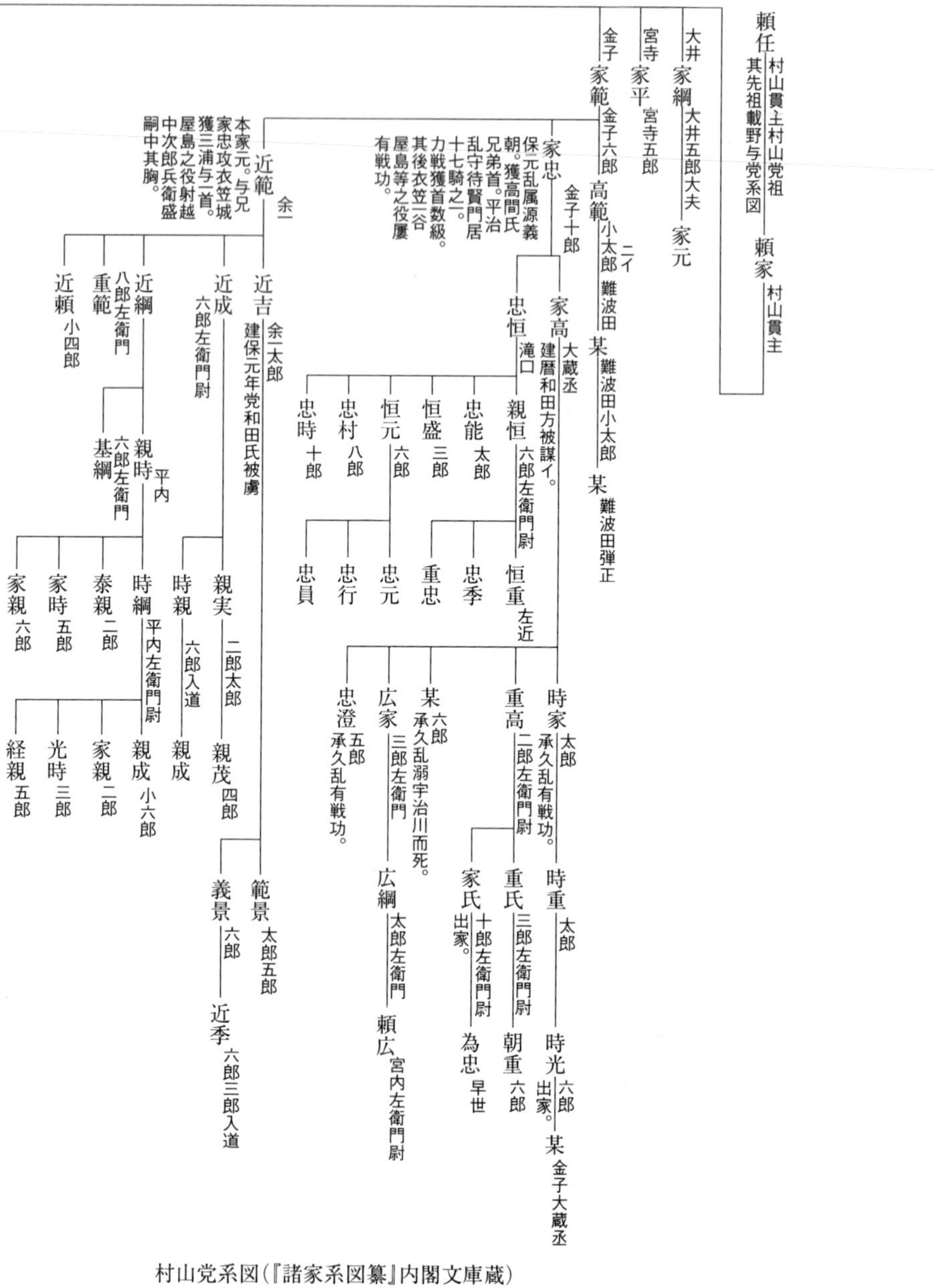

村山党系図(『諸家系図纂』内閣文庫蔵)

- 山口家継（村山小七郎　後号山口七郎）
  - 某（太郎）
  - 季継（大井二郎　又山口二郎云）
    - 季信（山口太郎）
      - 信景（山口二郎　兵衛尉）
        - 伊信（左衛門尉）
          - 元信（三郎兵衛）
            - 信泰（三郎左衛門尉）
              - 有信（二郎）
        - 行信（二郎）
          - 国信（十郎　入道）
            - 頼信（孫四郎）
            - 信俊（孫五郎）
            - 重信（二郎　余一）
        - 景家（兵衛七郎）
          - 景俊（七郎三郎）
            - 景信（彦三郎）
      - 某（荒波多　荒波多三郎）
      - 某（大井太郎）
    - 義継（山口四郎）
      - 高義（山口四郎太郎）
        - 高信（平太郎）
          - 信季（弥太郎）
            - 某（二郎　余一）
      - 実慶（山口土佐房　七郎左衛門イ）
        - 為行（二郎）
          - 信茂（二郎太郎）
          - 行直（平二郎　三イ）
          - 行茂（五郎三郎）
        - 実信（山口弥十郎）
        - 泰茂（三郎）
        - 実茂（九郎）
  - 家俊（山口六郎）
    - 家恒（右兵衛尉）
      - 恒高（太郎）（勝今子孫アリ）
        - 頼高（須黒　又号勝呂　須黒左衛門尉）
          - 行直（左衛門尉。実直忠子。頼高養為子。）
      - 直家（六郎　馬允）
        - 直忠
        - 国家
      - 家時（左衛門尉　承久乱有戦功。）
        - 安家（太郎）
    - 家光（横山　横山五郎）
    - 某（広屋　広屋六郎）
    - 家高（小七郎）
      - 家時（久米　久米左近将監）
        - 泰家（三郎太郎）
          - 家盛（久米孫太郎）
          - 家俊
          - 成家
          - 家清
        - 家盛
      - 長時
      - 長高（三郎太郎）
        - 実高
    - 家賢（八郎）

（次頁へ続く）

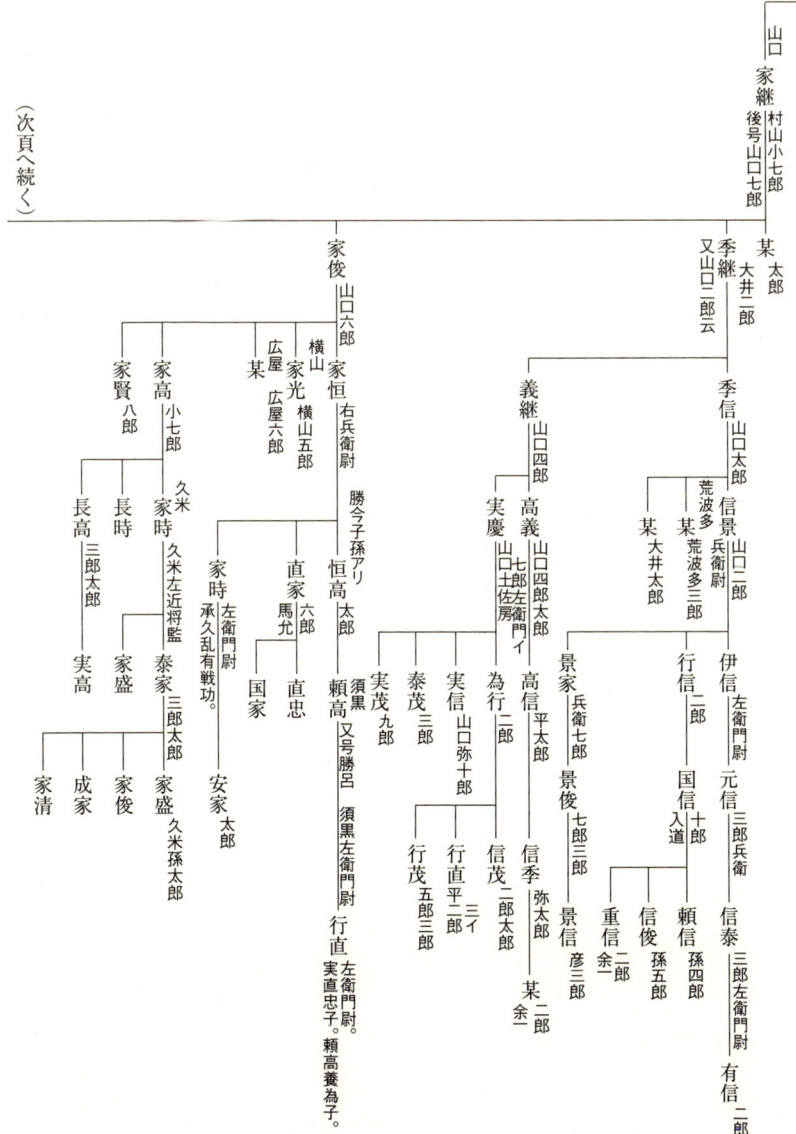

(前頁から)

- 仙波 家信 子孫在于今
- 信平 仙波七郎 平太郎
  - 信恒 太郎 承久乱溺宇治川而死。
    - 高経 太郎兵衛尉
      - 高綱 兵衛太郎
  - 景平
    - 重信 太郎左衛門尉
    - 長高 二郎太郎
  - 守平
- 安家 守イ 二郎入道
  - 時家 太郎
    - 時宗 中務丞
      - 家氏 内舎人
      - 時綱 二郎入道 殺康高而出奔。後雉源染イ。
    - 盛安 二郎兵衛尉
      - 氏安 太郎
      - 暹曜 法師
        - 盛直 文永九年坐党北条時村而誅。
        - 盛勝 彦六郎
        - 泰盛 五郎
      - 盛経
    - 安成
      - 行成
      - 氏成
    - 時員 右近将監
    - 康高 太郎左衛門入道 右イ 為時綱遭害。
      - 光泰 左近将監
      - 行氏 五郎
  - 光時 弥二郎
  - 時安 弥四郎
  - 安行 右馬允
    - 行盛 太郎
      - 行重 小太郎
    - 家茂 三郎
      - 資行 弥三郎
      - 家綱 孫三郎
- 家行 三郎左衛門尉 承久乱溺宇治川而死。
  - 忠行 太郎
    - 行恒 左衛門尉
      - 時行
        - 盛行 掃部左衛門尉
- 信高
- 行高 六郎
  - 光家
    - 某
      - 経家
  - 俊家
    - 某
      - 俊盛

右野与村山両党系図以武蔵七党系図校合畢

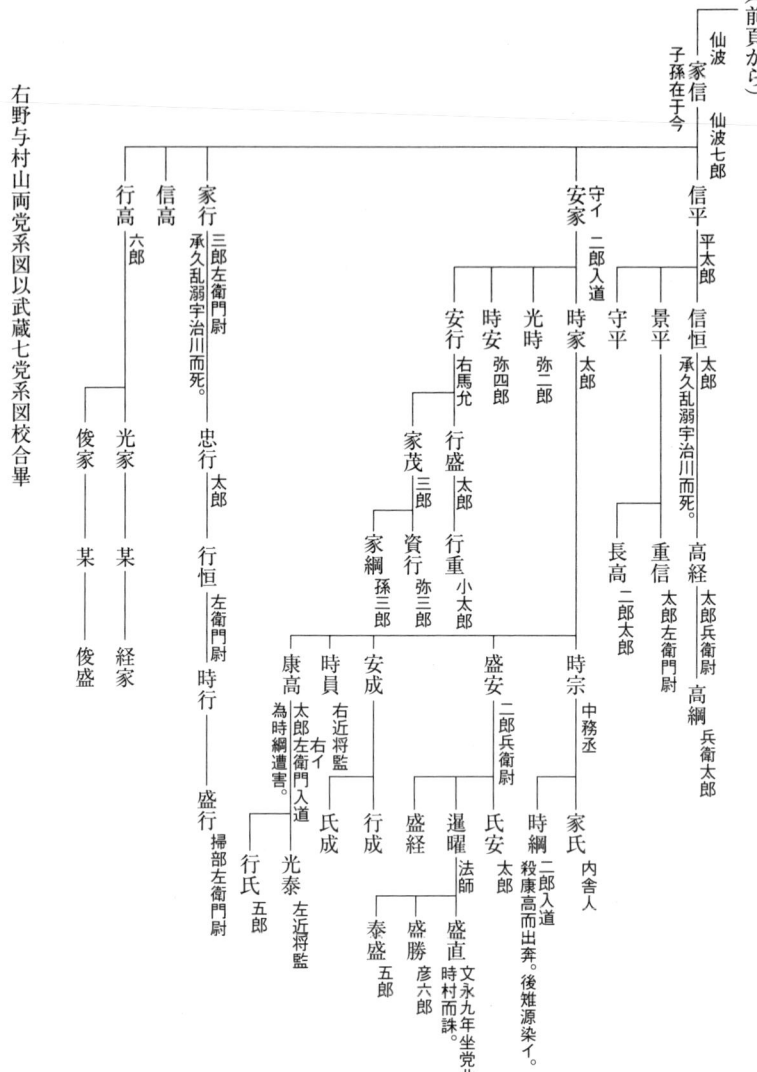

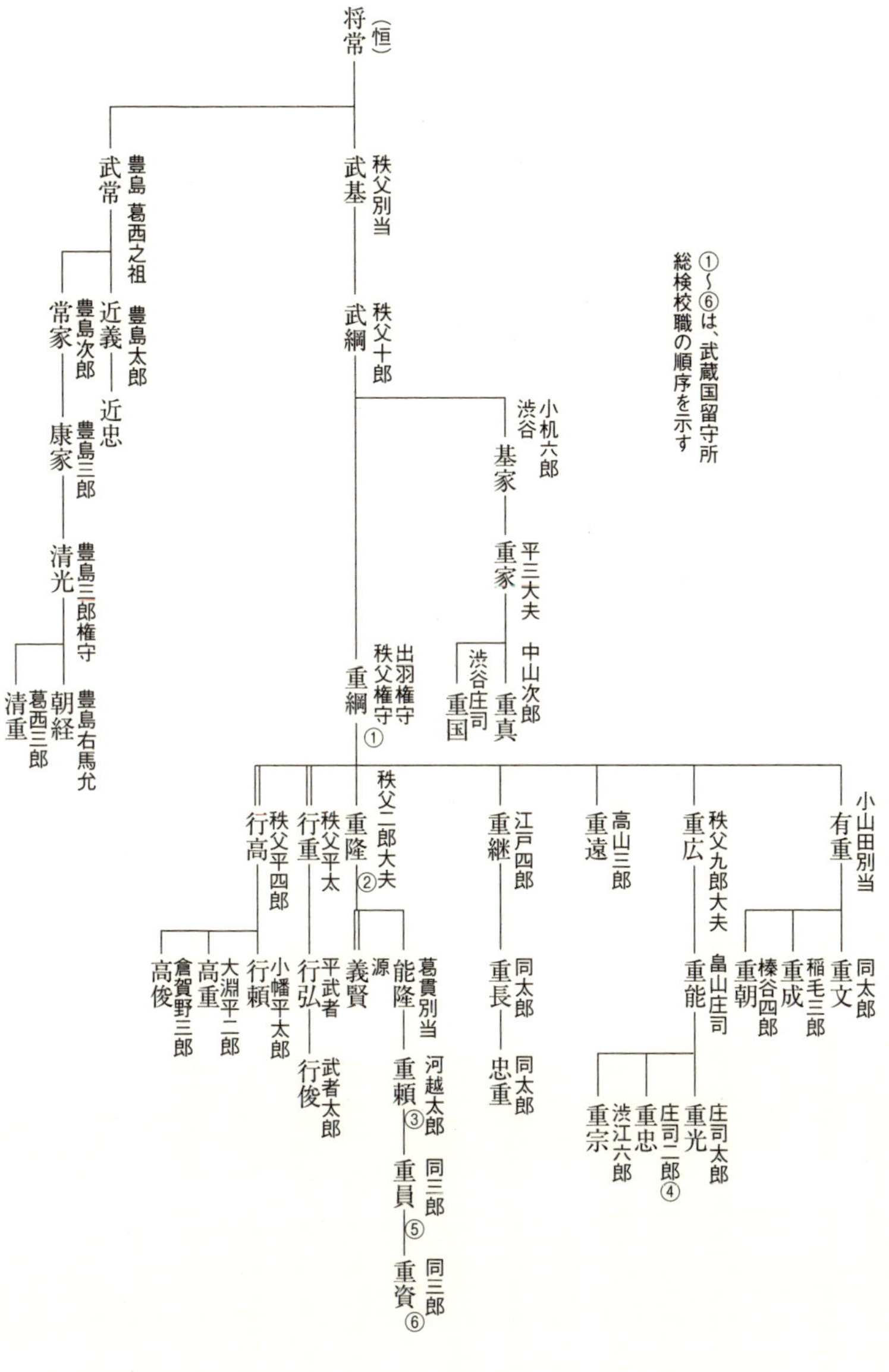

秩父氏略系図（注20峰岸純夫論文所収の「秩父氏系図」と豊島泰盈本「豊島氏系図」『豊島宮城文書』から作成）

かでも、丹党の祖多治峯時が「丹貫首」、児玉党の祖有道遠峯が「有貫主」と記されているから、それぞれの同族的な小武士団の第一人者ないし長のことであったと考えられる。前の『東村山市史』で小川信氏は、

そうだとすれば、系図の上ですべて頼任・頼家父子の子孫ということになっている村山党の諸氏の間に、果たしてそのように近い血縁関係があったかどうかも疑わしい。村山地方を中心として分布していた小武士団の諸氏が、頼任・頼家という共通の祖先から出たと称して団結を強めたとみる方がよさそうである。

と評価されているが[7]、首肯できる見解であろう。

しかし、問題はなぜそのようにしてまで「団結を強め」なければならなかったかである。次の特徴をみてみよう。系図の第二の特徴は、いま述べたが頼任・頼家父子の子孫から記載が詳しくなるという点である。頼任の子は頼家一人しか記されていないが、頼家の子には四人の男が記されている。長男家綱、次男家平、三男家範、四男家継の四人である。そして系図からも明らかなように、それら四人の子孫たちも相当詳細に記されるようになる。頼任の時代を一一世紀第四四半期に置くと、頼家の時代は一二世紀前半、四人の子どもたちの活躍の時代は一二世紀なかごろとおさえることができよう。

このような系図に基づくならば、村山党は一二世紀前半から中葉にかけて、村山地域を中心にしながら一族を分立させつつ、勢力を拡大していったということができる。

しかし、事柄はそれほど単純ではない。第三の特徴をみてみよう。頼家の子四人の名乗りの地をみてみると、長男家綱が大井氏、次男家平が宮寺氏、三男家範が金子氏、四男家継が村山氏を名乗ったと記されているが、その家継の系図には「村山七郎」のち「山口七郎」を号したと記されており、村山氏を名乗る家がなくなっていることである。家継の子どもたちも季継が「大井二郎、又山口二郎」と記されており、家俊は「山口六郎」、家信は「仙波七郎」と

記されていて、村山氏を継いでいる者はいない。家継自身が村山氏を名乗っていなかった可能性もあるが、頼家の子どもの時代に四家に分立した後、わずか一代で「村山氏」を名乗る家はなくなってしまったのである。これは第二の特徴とは逆である。

この第二・三の特徴を合わせて考えるならば、一二世紀前半の村山党は、一族を分立させて勢力を拡大する一方で、村山党の本流家村山氏は消滅してしまうという、相反する事態が進行していたということができよう。

もちろん、小川氏がいうように、本来的に村山党などというまとまった同族的な武士団は存在しなかったとするならば、上記のような現象は、村山地方に分布していた小武士団の諸氏が一二世紀前半になってその連合と団結を強めたことを現していると評価することができる。もしそうであったとしても、血縁的には結ばれておらず地縁的な関係しかない小武士団が、一二世紀初頭ないし前半に村山氏という氏を中心に結合を深めざるを得なかった要因、契機が問題となろう。

しかし、一概に小川氏のようには評価できないようにも思う。というのは、平安時代後期の関東の武士団を考える上で欠かすことができない秩父氏においても同様な特徴がみられるからである（二七頁「秩父氏略系図」参照）。

秩父氏は、村山党や野与党と同じく平良文流の武士団で、良文の曾孫武基が秩父牧別当を称したことに始まる。武基の弟武常から豊島・葛西両氏を分出し、武基の孫基家から渋谷・中山両氏を分出している。秩父氏本流は、同じく武基の孫の重綱に受け継がれた。重綱は「出羽権守・秩父権守」を号するとともに、初代の武蔵国留守所総検校職に就任して、勢力を武蔵国全体に振るった。そして、その重綱の権勢を背景に、この重綱の子どもたちが武蔵国各地に分立し、武士団を形成したことは重要である。有重は小山田氏を、重広の子重能は畠山氏を、重継は江戸氏を名乗り、留守所総検校職を譲られた重隆はその孫重頼が河越氏を称するというように、小山田・畠山・江戸・河越ら武蔵国を代表する武士団はほとんどこの流から分立しているといってよいほどである。

以上のような系図の特徴からわかることは以下の二点である。まず第一に、後述するように、秩父二郎大夫重隆は久寿二年（一一五五）武蔵国北部の大蔵において、源義朝の長男悪源太義平に敗れているから[8]、重綱の子らが武蔵各地に分立したのは一二世紀前半のことであると考えられる点である。

そして第二に、これも後述するが、秩父氏においても、政治的な要因があるとはいえ、重隆の後秩父氏の本流がなくなっている点である。秩父氏略系図から明らかなように、秩父氏は重綱の養子行重・行高に受け継がれるが、彼らは重綱が有していた武蔵国留守所総検校職を譲られておらず、この職は重隆の後一時期畠山重忠に移るものの、その後は重隆流の河越氏が継承しているから、秩父氏の本流は実子らの流（特に河越氏）に継承されたと評価すべきであろう。このように理解できるとすれば、武士団としての秩父氏はなくなったといってもよいであろう。

ここまで書くと明らかであろう。全面的に同じとはいえないが、一二世紀前半に諸氏の分立が盛んになっていること、そしてその分立の過程で本流家がなくなる、ないし弱体化してしまうことなど、村山氏系図と秩父氏略系図には基本的な部分において類似する点が多いのである。もちろん、武蔵国を代表する武士団である秩父氏の系図と武蔵七党の一つに過ぎない村山氏の系図とを同質のものとして扱うことには危険を伴うし、系図という史料の限界性も考慮しなければならないが、ここでは両者に共通している点に注目しつつ、その特徴の裏側にある一二世紀前半から中葉にかけての武蔵国の政治情勢について考えてみることにしたい。

三　一二世紀前半の関東の政治情勢

1　源氏の内紛

一二世紀前半の関東の政治情勢を考える上で重要なのは、源義家の存在である。以下、義家の関東支配を中心に当該期の政治情勢をまとめてみよう。(9)

義家は、後三年合戦（一〇八三〜八七年）に際して、相模国をはじめ関東の武士団を編成して勝利をおさめ、関東・東国の確固たる権威を作り上げたことは周知の事実である。武蔵国でも、秩父氏の一族の豊島氏や武蔵七党の一つ横山党が参加していることが知られている。(10)そして、義家は父頼義が鎌倉由比に石清水八幡宮を勧請して祀った鶴岡八幡宮で元服したことから「八幡太郎」と名乗ったといわれるように、相模国鎌倉を本拠に関東の支配を進めた。実際『小野氏系図』によれば、義家が命に従わない上野国の多胡四郎別当を、児玉有大夫広行に討たせたと記されている。(11)武蔵七党の一つ児玉党を源氏の武士団として編成するとともに、上野国多胡郡にまで勢力を伸ばしていたことが知られる。

このように、後三年合戦の成果を背景に、相模国を拠点として関東一帯に勢力を広げていた義家であったが、その晩年になると、一族間の勢力争いが表面化した。その初期に属するのは寛治五年（一〇九一）に起きた義家と義綱の兄弟同士の対立である。これは両者の郎等の所領争いが原因であったが、源氏一族間の抗争として貴族たちを驚愕させた。さらに康和三年（一一〇一）には義家の嫡子義親が九州で乱暴を繰り返すという事件が起きた。義親は隠岐に流されたが、流された出雲国でも目代らを殺害するなどしたため、ついに天仁元年（一一〇八）追討使平正盛によって追討されてしまう。この間に源氏の棟梁義家が死亡しているから（一一〇六年）、この義親追討事件を契機に、朝廷・院の武力は源氏から平氏に大きく変化したということができよう。

源氏の内紛はまだ続いた。義家の没する年、常陸国で義家の弟義光と義家の三男義国が合戦を起こしているし、義家が没した後、乱暴を繰り返す義親に代わって弟義忠が継いだが、天仁二年（一一〇九）にはその義忠が叔父の義綱とその子らによって殺害されるという事態まで起こっている。そして、その義綱親子を討ったのが義親の子で、義忠の養子となって源氏嫡流を継いだ為義であった。源氏嫡流とはいえ、為義はわずか一四歳であった。

このような源氏の連続する内紛は、武士団としての源氏の評価を低めるだけでなく、源氏勢力に対する圧力も強化させることになったと考えられる。たとえば、源氏の本拠地であった相模国守に、偶然かも知れないが、義家の没年に堀川院の蔵人であった藤原宗佐が任命された。それ以前は、義家と同じように「上野介平直方の女」を母とする藤原棟綱、続いて摂関家に奉仕する立場にあった高階経敏・橘以綱が任命されており、摂関家と近い源氏にとっては有利な条件が作られていたのだが、藤原宗佐以後、白河院の近習といわれた藤原盛重、白河院北面・鳥羽院北面四天王と称された源重時が任命されることになった。これによって、摂関家に代わって、白河院の影響力が相模国支配に強く反映されることになったことが想定できよう[12]。

2　横山党の源為義代官殺人事件

これが相模国支配にどのような変化をもたらしたかは知ることができないが、その一つの現れと思われる事件が天永四年（一一一三）に起きた。『長秋記』同年三月四日条には次のように記されている。

〔史料1〕

横山党依殺害内記太郎、被下追罰宣旨、左府仰云、頭弁来仰、横山党廿余人、常陸・相模・上野・下総・上総五ケ国司、可追討進之由、可宣下者

武蔵七党の一つ横山党が「内記太郎」を殺害したために常陸国ら五ケ国に追討の宣旨が下されたのである。そして、四月一二日条には、

〔史料2〕

左府仰云、坂東横山党可追討之由宣下、而追捕後不申上子細、列(別カ)検非違使請取条、尤不似先例事也者、

と記されているから、追討の宣旨が発せられてから一カ月ほどで犯人逮捕になったらしい。

これだけだとなんでもない事件のようにみえるが、実はそうではなかった。この内記太郎という人物は源為義の代官であったのである。『小野氏系図』の「横山隆兼」に付された注記には次のように記されていた。

〔史料3〕

依打六条判官殿御代官愛甲内記平大夫、蒙十七ケ条之衾宣旨、而為近江国伊加磨菰先生守末大将軍、以東海道十五ケ国武士被責之、三年之間追帰、宣旨御使十七ケ度也、雖然仰秩父権守重綱、三浦平太郎為次、鎌倉権五郎景政等被責之間、参京都無咎之由、六条判官殿蒙神妙之仰、給白弓袋・愛甲庄云々、

内容をまとめると次のようになろう。

① 内記太郎は愛甲を名乗っており「六条判官」為義の代官であった。

② 横山隆兼らが彼を討ったため「衾宣旨」＝犯人逮捕を命じた宣旨が出され、東海道一五カ国の武士が動員された。

③ しかし隆兼らは屈せず三年間も抵抗した。

④ 秩父権守重綱・三浦平太郎為次・鎌倉権五郎景政等の「責め」によって京都へ上り、「咎」がないことを弁明した。

⑤ その弁明に感心した為義から「白弓袋・愛甲庄」を賜った。

以上である。

前記の『長秋記』の四月一二日条の「犯人が追捕された」という記事と、③の内容が一致しないなど不安定な部分もあるが、『吾妻鏡』によれば、為義は美濃国不破郡青墓駅の長者である内記大夫行遠の女を妾にしており、彼女との間には乙若以下四人の子どもがいたことが明確であるから、為義と内記氏とは深い血縁関係にあったことは間違いない。『小野氏系図』のこの記事は、湯山学氏のいうように信用すべき内容を含んでいると考えられる(13)。

では、義家以来源氏の郎党として活躍していた横山党が、同じ源氏の為義の代官内記太郎を殺害したのはなぜであろうか。それを考えるヒントは、野口実氏の次のような疑問にある。

氏は、以上のような事件の経過を確認した上で、「私には横山党による為義代官の殺害という、全くの私戦に坂東五カ国に横山党追討の宣旨が下されているのは不可解であるように思われる」と疑問を発し、次のような『中右記』『殿暦』の記事を紹介している。

〔史料4(14)〕

相模守藤宗佐、於任国卒去云々

件人堀川院蔵人也、

〔史料5(15)〕

別当為院使来、大衆并犯人事等也、大夫尉忠盛請取犯人渡院北門云々、件犯人相模守故宗佐目代殺害者云々

そして、野口氏は次のようにいっている。相模守藤原宗佐の死亡が京都に知らされたのが天永三年（一一一二）末、横山党の内記太郎殺害が京都に知らされたのが天永四年の三月四日のことであるから、相模守宗佐の卒去と内記太郎殺害がほぼ同時期に起こっていることがわかる。そしてその「故宗佐の代官殺害」の犯人が京都に連行されたのが永久元年＝天永四年の四月四日であり、横山党が追捕された後、「子細を申上せず、別に検非違使が請け取った」ことが「尤不似先例事也」と問題になっているのが四月一二日であるから、四月四日に問題となっている「相模守故宗佐目代殺害者」とは内記太郎を殺害した横山党のことに間違いないであろう、と。まさにその通りである。内記太郎は一方で相模守宗佐の代官でもあったのである。氏が「事件がたんなる在地武力間の衝突にとどまるものではなく、反国衙的色彩を帯びたものであったことを推測せしめる」と評価されていることは正鵠を射ているといえよう。

しかし、まだ横山党が相模守代官内記太郎を殺害した要因は解決していない。実はこの点については湯山氏も野口氏もまったく触れられていない。確証はないのだが、いくつかの傍証によってその要因を探ってみることにしたい。やはり第一に考えなければならないのは内記太郎の性格であろう。彼が相模守藤原宗佐の目代であったことは前記の〔史料5〕などから間違いないが、問題は為義の代官という点である。湯山氏も野口氏も為義と内記氏との血縁の深さを前提にしているのだが、これは正しいであろうか。

その根拠は、前述のように、為義が内記太郎の一族と考えられる内記大夫行遠の女を妾にし、乙若以下四人の子どもをもうけている点にあるのだが、『保元物語』によれば[16]、保元の乱でその四人の子どもが殺されるときの年齢をみると、乙若は一三歳、亀若は一一歳、成鶴は九歳、天王は七歳であった。すべて二歳おきの奇数の年齢なので、このまま信用することはできないとしても、四人とも「乳母」[17]が付けられているから、長男の乙若も元服前であったと考えてよいであろう。とすると、乙若の誕生は早くとも平治元年（一一四一）ごろとなる。為義が京都との往反の途中にたびたび青墓の内記氏の宿に立ち寄ったとしても、それほど遡らないであろう。

この理解が正しいとするならば、天永四年（一一一三）当時の為義と内記氏との関係は「代官」という関係を除くとそれほど深いものでなかったということができよう。その上、この事件当時為義がまだ一八歳に過ぎず、かつ義忠死亡の後源氏の嫡流を継いでからわずか四年しか経ていないことを考え合わせるならば、為義と内記太郎の関係は密接な人格的な関係というようなものではなく、源氏の嫡男とその郎等としての関係を継続していたに過ぎなかったと考えた方がよいように思う。それは、犯人の横山隆兼が上洛して弁明すると、為義が「神妙の仰せ」によって「白弓袋・愛甲庄」を与えたという状況（⑤）からも読み取ることができるように思う。内記氏と為義との血縁的な関係はこの事件の後に作られたのである。

以上のような状況から、横山党の内記太郎殺人事件の真相を考えるとするならば、やはり内記氏の反逆とそれに対する横山党の介入という状況を想定しなければならないように思う。連続する源氏の内紛と一族の衰亡、それに乗じて派遣された白河院方の国守の国内支配のもとで、相模国における源氏の勢力が急激に低下した。そして原因は不明だが国守宗佐が死亡し、国内支配に空白が生じたとき、代官であった内記太郎が源氏の所領であった愛甲荘にも何らかの介入を行ったのであろう。それで、多摩丘陵を挟んで愛甲荘の北側に本拠をおいていた横山党がその介入を阻止し、愛甲荘を防衛した結果が内記太郎の殺害となってしまったのではないだろうか。

あくまでも推測の域を出ないが、その後の横山党追捕に関する事実も傍証になるように思う。というのは、横山党追捕に関する記事については不可解な部分が多々みられるからである。

まず、院と朝廷は国司目代の殺害、すなわち反国衙闘争として追討の宣旨を発布しながら、横山党の本拠地である武蔵国には追討宣旨が出されていない点である〔史料1〕。当時の武蔵国司は前相模国司の高階経敏であった。彼は、前述のように、野口氏によれば摂関家に奉仕する立場にあった貴族と評価されているから、そのために出されなかったというわけでもないであろう。

第二は、『小野氏系図』によれば、宣旨が発布されたにもかかわらず、横山隆兼は三年もの間追討軍を「追い帰し」ていたという点である〔史料3〕。このことは、前述のように、一カ月あまりで横山党の犯人を追捕したという『長秋記』の記事と大きく異なっている。また、この点に関しては同じく『長秋記』に「先例に似ざること也」と記されていることや、この追捕によって横山党が壊滅したわけではなく、横山党はこの後も武蔵・相模両国を中心に武士団を展開させていることと関係しそうである。

第三は第二と関連するが、抵抗していた横山隆兼も最後には秩父権守重綱・三浦平太郎為次・鎌倉権五郎景政らに「責め」られて、ついに弁明のため上洛した、という点である〔史料3〕。追討の宣旨が出ているにもかかわらず、「攻めた」ではなく「責めた」ということも気になるが、さらにその「責めた」秩父氏・三浦氏・鎌倉氏は、横山党と同様に源氏の武士団であったのである。秩父氏は確定できないが、三浦氏・鎌倉氏は義家の軍として後三年合戦に参加しているから、横山党と同様に年来の源氏の郎等であった。国守目代の殺人事件で追討宣旨が出されているにもかかわらず、同じ源氏の武士団の「責め」によって上洛し、為義への弁明によって決着がついているというのも妙である。

このように、この事件の結末に至る過程には不可解な点が多すぎる。これまた確証はないのだが、追討の宣旨が武蔵国に出されていない点、そして、『長秋記』によれば横山党の追捕が短期間に行われかつ「先例に似ざる」といわれている点から考えて、この追討行為は本格的に実施されたのではなく、相当政治的に準備されたものであったのではないだろうか。そこで再び追捕に関する史料をみてみると、

〔史料5〕

別当為院使来、大衆并犯人事等也、大夫尉忠盛請取犯人渡院北門云々、件犯人相模守故宗佐目代殺害者云々

〔史料6〕[18]

去比、大夫尉忠盛於河原請取執（犯カ）人同類、同盛重請取渡院御門云々

とあるように、その中心は平忠盛と白河院であったことがわかる。さらに忠盛と白河院との間に藤原盛重が介在していることが注目される〔史料6〕。これも前述のように、盛重は死去した藤原宗佐に代わって相模国守に任命される人物であり、「白河院御寵童、元服之後近習」と『尊卑分脈』に記された人物であったからである。すなわち、この事件の犯人追捕は白河院の周辺で処理されたのであった。藤原頼通の養子でもあった左大臣源俊房が、「坂東横山党可追討之由宣下、而追捕後不申上子細、列（別カ）検非違使請取条、尤不似先例事也者」と、その処理の仕方を批判したのは以上のような事情があったためと思われる〔史料2〕。

白河院が、平正盛・忠盛親子の武勇を高めるためにさまざまな機会を利用したことは有名であるので[19]、この事件もその一環であった可能性が高いといえよう。

このような状況であるから、追討の宣旨が出されていたにもかかわらず長年解決せず、事件の最終的な決着は、横山隆兼の弁明と源為義の「神妙の仰せ」という源氏の武士団内部の問題として処理されたのではないだろうか。その結果、横山隆兼は為義から愛甲荘の支配権を認められ、その一族は愛甲荘を本拠に愛甲氏として展開することになったのである。

ながながと横山党の内記太郎殺人事件を追いかけてきたが、明確な実証はできなかったものの、それの原因が為義の代官と称された内記太郎の何らかの反逆であった可能性が高いことを推察した。そして、その要因として源氏内部の紛争の激化と一族の衰亡、そしてその機を狙っての白河院の相模国支配への介入を考えてみた。内記太郎の反逆は

横山党の活躍によって事なきを得たが、本拠地相模国においても源氏の支配権が大きく動揺していたことを知らしめる事件であったということができよう。

源氏の支配力の弱化は、当然相模国だけではなかった。武蔵国においても同様な事態が進行していたと思われる。村山党において頼家の子どもが村山地方に分立していったのはこのような時期であった。分立しつつも一族としての結集が強化されなければならない政治情勢であった。とくに、『小野氏系図』〔史料3〕において、為義の「仰せ」によって横山党を責めた一人が秩父権守重綱であったことは注目してよい。第二節でも指摘したように、重綱は秩父一族が保持していた重要な権能である「武蔵国留守所総検校職」の初代であった。彼がこの職に付いた時期は不明であるが、為義から横山党を責めることを命じられているのは、武蔵国では秩父重綱だけであるから、この前後にそのような権能を得ていたと考えることもできよう。武蔵国北部では秩父氏が国衙公権と結びつきながら勢力を拡大し、西部から南部にかけては横山党が内記太郎殺人事件を契機に勢力を伸張させているという状況のなかで、村山氏もまた一族の結集を図りつつ、勢力を確保しなければならなかったのである。

四　一二世紀中葉の武蔵国の政治情勢

若くして源氏の棟梁となった源為義であったが、一族の内紛による勢力の衰退と、院政政権が確立する段階になっても、以前から臣従関係を結んでいた摂関家、忠実と子頼長に仕えていたためもあって、官位の昇進は順調ではなかった。内記太郎殺人事件の前、天仁二年（一一〇九）に左衛門尉に任官し、まもまく検非違使になったが、保延二年（一一三六）には解官された。そして、久安二年（一一四六）には復したが、久寿元年（一一五四）には子為朝の九州での乱行によってふたたび解官されるという状況である。

このような為義に代わって、東国においても中央政界においても実力を発揮し始めたのが為義の子義朝であった。義朝は、久安元年（一一四五）の史料で「上総曹司源義朝」といわれており、また「鎌倉之楯」に住んでいたともいわれ、彼の長男義平も「鎌倉悪源太」と称されていることから、幼いころから東国で生育したと考えられている。そして一一四〇年代前半には下総国相馬御厨と相模国大庭御厨の領有をめぐって紛争を起こしており、相模国鎌倉を中心に南関東一帯で勢力を伸ばしていたことが知られる。源氏の本拠地を守り、東国における源氏勢力の復活と拡大を実現していたのは、棟梁為義ではなく子義朝であった。そして義朝はこの実力をもって京に上り、仁平三年（一一五三）には従五位下・下野守に任じられ、官職においても父為義を超越してしまうのである。[20]

ここに源氏内紛の新たな条件ができ上がった。父為義と子義朝との対立である。この対立が保元元年（一一五六）の保元の乱に持ち込まれ、崇徳方為義、後白河方義朝という敵対関係として明確に現れたことは改めていうまでもない。

しかし、両者の対立はこれ以前から作られていたと思われる。そのことを明瞭に示すのが、久寿二年（一一五五）八月、武蔵国大蔵館で起きた為義の子義賢、すなわち義朝の弟と義朝の長男義平との合戦である。その合戦は、藤原頼長の日記『台記』や『百錬抄』にも記されているが、より詳しくその様子を伝えているのは『延慶本平家物語』である。[21]それには次のように記されている。

彼義賢、去仁平三年夏比より上野国期（胡）郡に居住したりけるか、秩父次郎大夫重隆が養君になりて、武蔵国比企郡へ通けるほとに、当国にも不限、隣国までも随けり、かくて年月ふるほとに久寿二年八月十六日故左馬頭義朝か一男悪源太義平か為に大蔵の館にて、義賢重隆共に被打にけり、仁平三年というと一一五三年のことであり、前述のように義朝が従五位下・下野守に任じられた年であった。そのとき、為義の子義賢が武蔵国の北方上野国の多胡郡に移り住み、比企郡大蔵へも南下してきたということは、当然のことながら、兄義朝が鎌倉を拠点に南関東に勢力を伸ばしており、彼が在京の間は長男の義平がその留守を預かっているということを知っていたからである。南から武蔵国への伸張を目指していた義朝・義平に対抗して、北から武蔵国に勢力を伸ばそうとしたのである。そしてその時義賢が頼りにしたのが秩父氏の棟梁重隆であった。

秩父重隆は、父重綱から武蔵国総検校職を譲られ、分立した小山田氏・畠山氏・江戸氏らの秩父一族を統轄していた。義賢はその重隆の養君＝養子となることによって秩父一族を味方にし、北武蔵を勢力下に置こうとしたのである。このような関係を結ぶことが可能であった背景には、前節で指摘したように、横山党をめぐる事件において、義賢の父為義の命を受けてその解決に活躍したのが重隆の父重綱であったという関係があったのであろう。

しかし、これまで述べてきたように、依然源氏一族間の内紛が鎮静下していない状況では、秩父氏も為義―義賢のラインにだけ与することの危険性は十分察知していた。だから、この以前に重綱は源「義平の乳母」で「乳母御前」と呼ばれた女性を妻にし、義朝―義平ラインとも密接な関係を結んでいたのである。一族の保全のために作った人的関係とはいえ、これによって逆に源氏の内紛が直接秩父氏の内部問題として噴出することになったのである。それが久寿二年に起きた重隆・義賢と義平との合戦＝大蔵合戦であった。合戦が起こった久寿二年とは保元の乱が起こる前年のことであるから、さながら京都を舞台にした保元の乱の武蔵国における前哨戦としての様相を呈することになったのである(22)。

結果としては、重隆―義賢が破れ、武蔵国における義朝―義平の覇権が確立することになったのだが、その結果第二節で指摘したように、秩父氏の本流は基本的に消滅してしまった。それは治承四年（一一八〇）の石橋山合戦後の

次のような『吾妻鏡』の記事によって明らかになる。(23)

武蔵国畠山次郎重忠、且為報平氏重恩、且為雪由比浦会稽、欲襲三浦之輩、仍相具当国党々、可来会之由、触遣河越太郎重頼、是重頼於秩父家、雖為次男流、相継家督、依従彼党等、及此儀云々、江戸太郎重長与之、（中略）及辰刻、河越太郎重頼、中山次郎重実、江戸太郎重長、金子・村山輩已下数千騎攻来、

源頼朝は、治承四年八月一七日に挙兵したが、二三日の石橋山の合戦で敗れてしまう。このとき、反頼朝軍の大庭景親についていた畠山重忠は、頼朝を支援するために出陣した三浦義澄と鎌倉由比浜で戦うが、敗北してしまったため、その報復のために三浦氏の拠城衣笠城を攻めようとするときの記事である。畠山重忠は、河越重頼に「当国」＝武蔵国の党々を引き連れて「来会」することを要請しているが、それは「重頼は秩父家において次男流であるが、家督を継いでおり、彼党等が重頼に従っている」からなのである。

この記事から、河越重頼が秩父氏の家督を継いでいたことは明白であろう。秩父氏は、その嫡流重隆が大蔵合戦によって敗北することによって、本流はなくなってしまったのである。そしてその家督は、分立した河越氏によって受け継がれたのであった。一二世紀中葉に起きた大蔵合戦は、武蔵国の大武士団秩父氏にとって非常に大きな事件であったといえよう。

以上のように、一二世紀中葉の武蔵国は、源氏一族内部の内紛が直接武力対立という形をとって現れた「舞台」であったのであり、そしてその内紛によって、武蔵国の大武士団秩父氏が一時的にせよ分裂し、その修復が図られるという混乱の時代であったのである。そしてその混乱は、保元の乱において源義朝が勝利し、一定の安定を実現したかにみえたが、周知のように、三年後の平治の乱で義朝が平清盛に敗北し、武蔵国が平氏の知行国になるという形で決着を迎えたのである。一一世紀後半の源義家以来、安定はしなかったものの源氏の勢力基盤の一つであった武蔵国も、

平治の乱の敗北によって、平氏の勢力下に入るという大きな変化を迎えたのである。

村山党において始祖頼任の子頼家の子どもたちが、長男家綱、次男家平、三男家範、四男家継に分立し、それぞれ大井氏、宮寺氏、金子氏、村山氏を名乗って狭山丘陵周辺に勢力を延ばしていったのは、まさにこのような混乱の時代であった。混乱の時代だからこそ、一族の団結の強化が目指されたのであろう。

しかし第二節でも指摘したが、この四人の兄弟で村山氏を継いだと考えられる四男家継ものち「山口七郎」と号したと記されているように、村山氏の本流はなくなってしまう。すべて狭山丘陵周辺の地名を名乗りとする武士団になってしまうのである。先の『吾妻鏡』の記事に、秩父氏に従って三浦氏の拠城衣笠城を攻めた武士団のなかに「金子・村山の輩」がいたと記されているが、この「村山」とは家継ないしその子季継ではないかと推定されるが、それより重要なのはすでにこの時期、一一八〇年段階において村山党というまとまりはなくなり、その党の構成メンバーである金子氏と村山氏が連称されている点であろう。

以上のような一二世紀中葉の武蔵国の政治情勢と、村山党そして秩父氏一族の分立状況を合わせて考えるならば、大蔵合戦こそ在地に根ざしその地を名乗りにした中世的な武士団を形成する契機になったといえるかもしれない。

もちろんこれも前記したが、小川信氏がいうように、本来的に村山党などというまとまった同族的な武士団は存在しなかったとしても、本拠地の地名を名乗りにした小武士団が擬制的な同族的結合を形成しながら、中世的な武士団として展開していくのがこの時期であったということはできるように思う。

系図という限られた史料にあまりにも依拠し過ぎており、心許ない点も多々あるが、史料の少ない中世成立期の武蔵国ないし東村山市域の歴史叙述のための一つの試みとして理解していただけたら幸いである。

注

（1）野口『坂東武士団の成立と発展』（弘生書林、一九八二年）、同『中世東国武士団の研究』（高科書店、一九九四年）。
（2）拙稿「武蔵国橘樹郡稲毛荘の成立と開発」（『地方史研究』第二二七号、一九九〇年、本書第三章）、同「大蔵合戦と秩父一族―源平内乱期武蔵国の政治情勢―」（『内乱史研究』第一四号、一九九三年、本書第二章）。
（3）『続群書類従』。
（4）『日本古典全集』。
（5）『続群書類従』第六輯上。
（6）『吾妻鏡』文治五年九月六日条。
（7）『東村山市史』（一九七一年）。
（8）注2拙稿「大蔵合戦と秩父一族」参照。
（9）安田元久「『源氏内紛』の政治的背景」（同『日本初期封建制の基礎研究』山川出版社、一九七六年、所収）。
（10）「甲斐信濃源氏鋼要」（豊島区立郷土資料館編集『豊島氏編年史料Ⅱ』一九九五年）、『小野氏系図』「経兼」の項（『続群書類従』七輯上）。
（11）注10『小野氏系図』「経兼」の項。
（12）野口実「院・平氏両政権下における相模国」（注1『坂東武士団の成立と発展』所収）。
（13）湯山「相模国愛甲郡の庄園―愛甲庄と毛利庄―」（『地方史研究』第二六巻六号、一九七六年）。
（14）『中右記』天永三年一二月二三日条。
（15）『殿暦』永久元年四月四日条。
（16）『保元物語』下巻、「義朝ノ幼少ノ弟悉ク失ハル事」（「新日本古典文学大系」岩波書店）。
（17）この場合は「傅《めのと》」、貴人や主君を幼児のうちから養育する守役のこと。
（18）『殿暦』永久元年四月一二日条。

(19) 高橋昌明『増補・改訂　清盛以前』(文理閣、二〇〇四年) など。

(20) 以上の歴史的経過は、峰岸純夫「鎌倉悪源太と大蔵合戦—東国における保元の乱の一前提—」(初出一九八八年、岡田清一編『河越氏の研究』第二期関東武士研究叢書　四、名著出版会、二〇〇三年、所収) による。なお、同氏のその後の研究として「大蔵合戦と武蔵武士」(初出二〇〇八年、同『中世の合戦と城郭』高志書院、二〇〇九年、所収) がある。参照をお願いしたい。

(21) 吉沢義則校訂『応永書写延慶本平家物語』第三本、「七　木曾義仲成長する事」。

(22) 峰岸注20「鎌倉悪源太と大蔵合戦」。注2拙稿「大蔵合戦と秩父一族」。

(23) 『吾妻鏡』治承四年八月二六日条。

補注　秩父氏を含め当該期の関東武士を扱った論考として、鎌倉佐保「一二世紀における武蔵武士の所領形成と荘園」(『歴史評論』第七二七号、二〇一〇年)、本章で取り上げた横山党と愛甲荘に関しても、同「十二世紀の相模武士団と源義朝」(入間田宣夫編『兵たちの登場』高志書院、二〇一〇年、所収) がある。参照をお願いしたい。

第二章　大蔵合戦と秩父一族

一　はじめに

私は、本書第三章「武蔵国橘樹郡稲毛荘の成立と開発」で、源平内乱期の武蔵国の政治状況分析の第一段階として、同国橘樹郡に所在した稲毛荘の成立過程を検討しながら、平治の乱を経過して武蔵国が源氏の勢力下から平氏の勢力下に入っていく政治的状況を追いかけてみた(1)。本章では、その分析の続きとして、久寿二年（一一五五）に北武蔵で起きた一つの事件＝大蔵合戦を取り上げ、源平の内乱直前の武蔵国の政治情勢について検討を加えてみることにしたい。

周知のように、大蔵合戦とは源義朝の長男義平が叔父の義賢と北武蔵の雄秩父重隆の両者を比企郡大蔵館で討滅した事件であるが、事件が起きたのが保元の乱（保元元年〔一一五六〕）の前年であり、かつ保元の乱では、義平の父源義朝と義賢の父すなわち義朝の父でもある為義がそれぞれ鳥羽法皇方と崇徳上皇方について対立した関係にあったから、この事件は保元の乱の前衛戦として、さらに関東における源氏内部の覇権争いとして注目を集め、すでに多くの研究論文が発表されている。したがって、論点も出しつくされている感もするが、改めて諸説を整理しつつ、再検討を加えてみることにしたい。

二　大蔵合戦の経過と評価

まず最初に、大蔵合戦の大まかな経過と先行論文の評価を紹介しながら、論点を整理しておきたい。

この合戦については『台記』『百錬抄』『平家物語』『源平盛衰記』などに記されているが、事件の経過そのものを伝えているのは、『延慶本平家物語』の次のような記事である。(2)

彼義賢、去仁平三年夏比より上野国多期《(胡)》郡に居住したりけるか、秩父次郎大夫重隆が養君になりて、武蔵国比企郡へ通けるほとに、当国にも不限、隣国までも随けり、かくて年月をふるほどに久寿二年八月十六日故左馬頭義朝か一男悪源太義平か為に大蔵の館にて、義賢重隆共に被打にけり、

これを整理すると次のようになる。

義賢の上野国下向→秩父重隆との養子縁組→これを背景とした北武蔵への進出→鎌倉にいた義平の反発→合戦→義賢・重隆の死。

この経過を理解するために、上記の史料に付け加えなければならないのは、仁平三年（一一五三）義賢が上野国に下向したことの要因と意味である。これについては先学の指摘があるように、同年源義朝が下野国守に任命されていることと関係しよう。源為義―義賢は当時の権力者であった藤原忠実―頼長父子に仕えていたが、為義自身や子の為朝の乱行などもあり昇進できず、両者とも朝堂においては不遇な生活を送らねばならなかった。それに対して義朝は、その要因については意見が分れるが、順調に出世し、上京七年目で下野守、従五位下に任じられている。一二世紀前

半以来、下総国相馬御厨や相模国大庭御厨に介入するなど、鎌倉に本拠をおいて南関東に勢力を伸ばしていた義朝が、その上、下野国守になり北関東にも勢力を拡大しようとしているのを目の前にし、急拠義賢が上野国に下り、北関東に勢力をもつ秩父氏に頼って、それを阻止するとともに逆転を図ったのであろうといわれる。[3]少々評価を加えてしまったが、以上が大蔵合戦の経過と若干の背景である。

このような事実に対して、歴史的な評価を加えたのは安田元久氏である。氏は、この合戦を関東の「武士団統合の動きの中で捉えるべきであろう」し、義賢と義朝―義平の「両勢力の最後的衝突である」と評価する。[4]それに対して岡田清一氏は、秩父氏のもつ「武蔵国留守所総検校職」に焦点をあてつつ、この合戦についても触れられ、次のような興味ある指摘をしている。それは、貫達人氏が『畠山重忠』[5]のなかで、重忠の父重能が大蔵合戦において義平の側に付いたという『源平盛衰記』[6]の記述を紹介しているのをうけて、秩父重隆と畠山重能との間に対立があり、それは「武蔵国留守所総検校職」をめぐる秩父氏内部の対立ではなかった、という指摘である。合戦を秩父氏の問題として取り上げている点が興味深い。[7]

一方、上横手雅敬氏は、安田氏の視点をさらに発展させ、中央政界における政治的対立を克明に明らかにし、それを前提に「大蔵合戦は院と摂関家、義朝と為義との合戦の代理戦争であり、来たるべき保元の乱の予行演習であった」と評価した。[8]このような評価に対して五味文彦氏は、「為義・義賢と義朝との対立をあまりに強調しすぎて」いるとし、当時の源氏の対立は「家長権をめぐる争い」とみるべきであると批判している。[9]

そして近年、岡田・五味氏らの視点からこの合戦を取り上げ、再評価を加えたのが峰岸純夫氏である。[10]そこで氏は、系図の復元から、この合戦において秩父重綱の養子となっている秩父系児玉氏が重要な役割を果たしていることに着目し、重綱の跡職をめぐって、子の重隆の勢力と養子の秩父系児玉氏の勢力との間に対立が生じたことを想定する。

そして、「秩父家家督」が「武蔵国留守所惣検校職を掌握し、武蔵国衙を統轄する役割を担った」ことを確認し、「大蔵合戦は『秩父家家督』と武蔵国留守所惣検校職という国衙在庁職の二つをめぐる争闘と考えられる」と評価した上で、「この対立抗争に源義賢は重隆の養子に入り込む形で関与し、一方は『乳母御前』（二七頁「秩父氏略系図」参照）の縁で源義平に援助を要請した」と評価し、「この合戦は、義賢・義平の対立から説き起こすのではなくて、武蔵の武士団、秩父氏および国衙在庁の内部矛盾の激発として把握し直す必要があると思う」と結論付けている。

氏の研究は、秩父系児玉氏の発見など興味深い論点が多々呈示されており、平安末期の関東の政治情勢を考えていく上で大きな成果であると考えるが、上横手氏の「代理戦争」「予行演習」という中央政界の対立関係の持ち込みに対する反発のあまり、逆にすべてを秩父氏一族内部の問題にしすぎている感がいなめない。たとえば、氏は「内部矛盾の激発」というが、その矛盾の要因は「おそらく、秩父・児玉氏の内部で大きな対立関係が生じたのであろう」とあるだけで、義賢が養子に入る前から一族内部に対立があったことについては想定に止まっているのである。もし、対立が生じていたとすると、それは養子の秩父系児玉氏と実子重隆との対立となるのであるから、他の実子である畠山氏（重能）や小山田氏や江戸氏が合戦の埒外にあったとは到底考えられないであろう。しかし、それ以外の実子がこの合戦に関わったことを伝える史料はない。逆に、岡田氏も注目しているように、畠山重能が義平に、すなわち秩父系児玉氏に味方しているという『源平盛衰記』の記述があり、これを尊重するならば、秩父氏の実子内部にも対立があったことになり、重隆—義賢は秩父氏全体のなかで孤立していたことになるのである。

もちろん、このような事態が起こっても不思議ではないが、秩父系児玉氏対重隆—義賢という対立関係と、秩父一族対重隆—義賢という対立関係とでは、問題の質が大きく違ってくることはいうまでもない。史料的に秩父氏内部の対立の要因を確定できないとするならば、やはり義賢の介入ということをその要因の一つとして想定しなければならないのではないだろうか。

三　大蔵合戦の要因

峰岸氏のいうように、この合戦が秩父重綱の跡職をめぐる子重隆と養子の秩父系児玉氏との対立を基本とするならば、大蔵合戦の要因を解く鍵の一つは、重隆が敗北したにもかかわらずふたたび跡職が重隆流の河越重頼に伝領されたのはなぜか、ということであろう（前掲「秩父氏略系図」参照）。跡職をめぐる一族の対立であるならば、敗者側ではなく勝者側に伝えられるのが順当ではないだろうか。そして、勝者の秩父系児玉氏が養子であるが故に跡職を継げないとするならば、長子である畠山氏かまたは他の兄弟に継受されてもおかしくないはずである。前述のように、『源平盛衰記』には畠山重能が勝者の義平の側に付いたという記述さえあるのである。しかし、そうはならなかった。『吾妻鏡』でも「次男流」といわれた河越氏に跡職は伝えられたのである。[11]これはどうしてであろうか。この点に大蔵合戦の要因を解く重要な鍵があるように考える。

上記したように、これまで多くの方々はこのような疑問をもたず、秩父氏の家督は重隆から孫の重頼に伝領され、河越氏が秩父氏の本流となったとしてきたが、これは結果的には正しいとしても、重頼がなによりも重隆の「孫」であったことにはまったく留意してこなかったといえよう。もちろん「孫」であることを知らなかったという意味ではなく、なぜ「孫」に伝領されたのかということ、すなわち重頼の父＝重隆の「子」が存在したことについてまったく問題にしてこなかったのである。

しかし、どのような秩父氏系図をみても重隆の子＝重頼の父は記されており、それも「能隆」であることには異同がない。ということは実在の人物として考えてもよいことになろう。とすると、重隆が跡職をめぐる合戦で敗れ殺害されても、その子は助けられ家系は存続されたことになる。存続したからこそ後に河越重頼が跡職を継ぐことができたのであるから当然といえば当然であるが、跡職をめぐる合戦において、兄弟や傍流ならいざしらず、敗者の直系と考えられる能隆が存続させられたことのもつ意味は大きいように思う。しかし、後述のように能隆には跡職は伝領されなかった。このような合戦後の能隆の処遇をめぐる問題は、大蔵合戦の性格・要因を知る上で重要な内容を含んでいると考える。能隆について少し考えてみよう。

秩父能隆についての情報は少なく、唯一系図から彼が「葛貫別当」と称したことが知れるだけである。しかしこれだけでも重要である。なぜなら父重隆は河越氏の祖といわれ、子重頼も明確に河越氏を名乗っているにもかかわらず、少なくとも能隆は河越氏を名乗っていなかったことが判明するからである。ではなぜ能隆は河越氏を名乗らなかったのであろうか。河越氏を名乗れない事情があったのであろうか。

では唯一の情報である「葛貫別当」の分析から始めよう。まず「別当」とあるが、これは関東特有の牧の役人的な地位にあったと考えておいてよいであろう。次に「葛貫」であるが、これは地名と考えるのが穏当であろう。そこで北武蔵を中心に検索したところ、埼玉県毛呂山町の中南部に「つづらぬき」(または「くずぬき」)として存在することが判明した。(12) この地は、秩父重隆の本拠があった比企郡大蔵の南で、河越重頼の住した河越の西方にあたる地域で、秩父氏が河越へ進出する中継点としては格好の地点であると考えられるから、能隆が称した「葛貫」がこの地であったことはほぼ間違いあるまい。

『新編武蔵風土記稿』を調べてみると、「入間郡葛貫村」の項には、『太平記』に葛貫大膳亮という人物がみえこの地に住んでいたであろうこと、「小田原衆所領役帳」には「左衛門佐氏堯」＝北条氏堯の知行地としてみえること、などしか記されていないが、次の「宿谷村」の項には、以下のような興味ある記述があった。

宿谷庄ト唱フ村名ノ起リヲ尋ルニ、村民権左衛門カ先祖宿谷太郎行俊ナルモノ隣村葛貫ニ住シテ当村ヲ開発スト云リ、彼権左衛門カ家ニ蔵セル宿谷氏ノ系譜ヲ見ルニ、行俊カ孫次郎左衛門重氏ハ頼朝頼家実朝等ニ仕ルトアレハ、開発ノ年歴モ大抵推テ知ルヘシ

そしてさらに、同村の「旧家者権左衛門」の説明の項においては、「太郎行俊」が児玉党の出で、経行の四代の孫にあたること、行俊の子孫重氏らがその後鎌倉・室町両幕府のもとで活躍した様子などが細かく記述されている。ところでこの記述を信用する限り、児玉太郎行俊が葛貫に住み、隣り村の宿谷を開発したことになる。葛貫に入ったのは秩父能隆ではなく、児玉氏であったのである。そこで児玉党系図を調べてみると、実はこの行俊が、秩父重綱の跡職をめぐって秩父重隆・源義賢と対立した秩父系児玉氏の行重の孫であったことがわかる（前掲「秩父氏略系図」参照）。合戦し敗れた重隆の子と、勝った行重の孫が同じ地名を称していることをどのように解したらよいであろうか。

これからは推測になるのだが、大蔵合戦に敗れ父が殺害された能隆は、勝者の児玉行重の孫の行俊に預けられ、葛貫に住したと考えることはできないだろうか。そして河越氏がふたたび復活したとき（これについては後述）、能隆はそのまま葛貫を領し「葛貫別当」を名乗ったのではないだろうか。詳細は不明であるが、前の『新編武蔵風土記稿』の記述によれば、児玉行俊の子孫は行俊が住した「葛貫」ではなく、行俊が開発したという伝承をもつ隣村の「宿谷」の姓を名乗っているから、行俊の流の本拠がある時点で葛貫から宿谷に移ったと考えざるを得ないことも、上記のような推測を可能にしてくれるであろう。

以上、論拠の薄い分析であるが、少なくとも大蔵合戦に敗れた秩父重隆の子能隆は葛貫辺りで児玉氏に預けられて生活したと考えられること、そのため秩父氏も河越氏も名乗れず、「葛貫別当」と称したのである。そしてこれらの

ことなどから判断すると、大蔵合戦の敗北によって、重隆―能隆の流（河越氏）は家系は存続したものの、一時的に衰退したと考えるべきであろう。すなわち、秩父氏家督はストレートに河越重頼に伝えられたわけではないのである。重頼に家督が伝領されることになった要因は、大蔵合戦以後の武蔵国の政治情況のなかで別に考えられなければならない問題である。これについては次節で検討することにしたい。

以上の理解が正しいとするならば、大蔵合戦の要因は、重隆―能隆を孤立させるものであった一方、合戦の後能隆の生存を認めるような要因でなければならないであろう。この要因として、峰岸氏のように、跡職をめぐる秩父氏内部の対立を想定することも可能であるが、それだけが要因で実子の秩父一族と養子の秩父系児玉氏とが連帯して嫡流重隆と対立するという構図が形成されるとは考えられない。上記のような対立の構図が形成されるには、跡職の問題だけではなく、それ以外の要素が入らなければならないのではないだろうか。それが源義賢の介入ではないかと考える。

峰岸氏のいうように、大蔵合戦は「それ以前からの為朝・義朝の対立に起因するものではない」としても、「十五歳の若い義平はそれに巻きこまれて事の重大性を気づくことなく、舞台の主役を演じさせられてしまった」というような生易しいものでもないであろう。義平の乳母が重綱の妻で、その兄弟が重綱の養子に入ったというのは偶然であったとしても、義平の母が三浦氏の女で、[13]『源平盛衰記』で義平の味方をしたと記された畠山重能の妻も三浦氏の女であったことは偶然ではないであろう。[14]義平は上野国の新田義重の女も妻にしているし、父義朝は下野国の足利氏とも姻戚関係でつながっているというように、婚姻を媒介にしたネット・ワークの形成は当時の武士団の常套手段であったからである。

義賢が重綱の養子となり、秩父氏の北武蔵における権勢を背景に、「当国にも不限、隣国までも随けり」という状態を作り上げたことは、鎌倉にいて関東の経営を任されていた義平にとって、かつ義朝上洛後義平を補佐していた三浦義明にとって由々しき事態であった。その様子は乳母を通じ、畠山重能（ないしその妻）を通じ、義平と義明のもとに伝えられていたに相違ない。義賢の勢力が拡大するほど義平との対立は必至であった。秩父氏内部においては、重隆―義賢ラインをとるのか、義平をとるのかの選択が迫られたのではないだろうか。その結論は、児玉氏は乳母との因縁で義平に味方した。一方秩父一族では、三浦氏と姻戚関係にある畠山重能などは、『源平盛衰記』が記すように義平の味方をしたかもしれないが、その他の一族は事の重大さの前にどちらにもつくことができなかったのではないだろうか。だからこそ、重隆は孤立し義賢とともに大蔵館で討たれてしまったのであろう。そして重隆は義賢を養子にしたために義平に討たれはしたが、重隆に合戦の基本的な要因がなかったがために、子能隆の生存が許されたのではないだろうか。合戦の主要な要因が重隆にあり、跡職をめぐる秩父氏内部の対立であったならば、合戦後秩父氏一族の内部にもう少し大きな変化が生じたはずである。史料の残存性の問題もあるが、現在重隆―能隆以外に変化を確認することができない。

以上のように、大蔵合戦の要因は、主には源義賢の上野国下向と秩父重隆の権勢を背景にした北武蔵での勢力拡張が、鎌倉にいて関東の勢力拡大をめざしていた義平との対立を激化させたことにあると考えられる。もちろん重隆にも源義賢を抱きこんで北武蔵における勢力を拡大しようという意図があったと想定できないわけではないが、そうすると、義平の乳母であった義母との対立は必至である。これも推定の域を出ないが、重隆は義母が義平の乳母であったから、それに加えて義賢を養子に迎えることによって、バランスを取りながら源氏との結び付きを強め、勢力の安定化を図ろうとしたのではないだろうか。しかし、義賢の思惑は重隆の意図をはるかにこえていたのである。

四 内乱期の秩父家督

さて前節で、大蔵合戦での重隆の敗死によってその子能隆も一時的に衰退してしまい、秩父家の家督はストレートに河越重頼に伝来したわけではないと指摘したが、治承四年（一一八〇）段階では明らかに重頼が家督を継いでいる。著名な史料であるが、秩父家の家督を考える上で重要な史料なので再度引用しておこう(15)。

武蔵国畠山次郎重忠、且為報平氏重恩、且為雪由比浦会稽、欲襲三浦之輩、仍相具当国党々、可来会之由、触遣河越太郎重頼、是重頼於秩父家、雖為次男流、相継家督、依従彼党等、及此儀云々、江戸太郎重長同与之、今日卯刻、此事風聞于三浦之間、一族悉以引籠于当所衣笠城、（中略）及辰刻、河越太郎重頼、中山次郎重実、江戸太郎重長、金子、村山輩巳下数千騎攻来、

周知のように、八月一七日頼朝は挙兵したものの二三日の石橋山合戦で敗北する。この時反頼朝方の大庭景親についていた畠山重忠は、頼朝を支援するために出陣した三浦義澄と鎌倉由比浜で戦い敗れてしまう。その報復のため、三浦氏の拠城衣笠城を攻めようとしたときの記述が上記史料であるが、畠山重忠は三浦氏を攻めるために、河越重頼に「当国党々」を引きつれて「来会」するように要請している。それは「重頼が秩父家において次男流であるが、家督を相い継いでおり、そのため彼党等が従来に従っているからだ」というのである。このように、一一八〇年段階では河越重頼が秩父氏の家督を継いでいることは明白である。

では、一度衰退したはずの河越氏がふたたび復活した要因はどこにあるのであろうか。私は、これを平治の乱の結果生じた武蔵国支配の変質に求めたいと思う。前稿でも指摘したが、保元の乱前後から平治の乱までの武蔵国支配は、

保元の乱に勝利した藤原信頼・信説兄弟と源義朝・義平父子の勢力に掌握されていたと考えられる。[16]しかし、信頼と義朝の勢力は平治の乱に敗北し、武蔵国支配も平氏にとって代られてしまうのである。[17]この交替は武蔵国が源氏の勢力下から平氏の勢力下に移ったというような単純なものでなかったはずである。大蔵合戦のときがそうであったように、武蔵国武士団、すなわち秩父一族にも大きな変化をもたらしたと考えられる。それが河越氏の復活ではなかったであろうか。源氏のもとで一定度の地位を与えられていたと推定される畠山氏に代って、平氏政権は、「次男流」ではあるが武蔵国総検校職重隆の孫にあたる重頼を抜擢したと考えられるのである。

以上の河越氏復活説はあくまでも推測の域を出ないのであるが、この後の政治過程を検討することによって、若干の補強を試みることにしたい。

それは、源頼朝が石橋山の合戦で敗北した後房総半島に渡り、上総氏や千葉氏らを傘下におさめ、いよいよ武蔵国に入ろうとしたときの頼朝の秩父氏に対する対応によく現れているように思う。

周知のように頼朝は、武蔵国に入るに先立ち、秩父一族のなかでも、以前から源氏との因縁が深い豊嶋氏や葛西氏を味方にしていたが、河越・畠山・江戸らの諸氏を味方にすることは成功していなかった。とくに江戸重長の態度は強硬であった。それで頼朝は直接使者を送って参会することを伝えているが、そのときの頼朝が重長に伝えた内容は次のようなものであった。[18]

遣御使、被召江戸太郎重長、依景親之催、遂石橋合戦、雖有其謂、守令旨可奉相従、重能、有重、折節在京、於武蔵国、当時汝已為棟梁、専被恃思食之上者、催具便宜勇士等、可予参之由云々、

ここで頼朝は、江戸重長が大庭景親の催促によって石橋合戦に参加したことは知っているが、この際は以仁王の令旨を守り、自分に味方して欲しいというとともに、(畠山)重能と(小山田)有重の両者が在京して武蔵国にいない状

況においては、「汝」＝江戸重長が棟梁なのであるから、「便宜の勇士ら」を率いて参会せよといっている。

問題は後半部分である。というのは、この記事は、前記の畠山氏の衣笠城攻めの記事からちょうど一カ月後の治承四年（一一八〇）九月二八日のことであるからである。前記の記事では、秩父氏内部の問題とはいえ、明らかに河越重頼が秩父氏の棟梁であるとあったにもかかわらず、一カ月後の後者の記事で頼朝は、畠山氏や小山田氏が在国ならば彼らが棟梁だが、彼らが在京中なのだから、江戸重長が棟梁だといっているのである。すなわち頼朝は、河越氏を棟梁と認めていないのである。このような河越氏に対する頼朝の態度は以後も続く。その一つは、豊嶋氏などの斡旋もあって無事河越氏を含めた秩父一族を傘下におさめ、武蔵国衙に入ったときで、頼朝は在庁官人や郡司を指揮して「武蔵国諸雑事等」を行うことを江戸重長に命じているし、さらに翌日、態勢を整えていよいよ鎌倉に向かって進軍するとき、その先頭をまかされたのは畠山重能の子重忠であった[19]。『吾妻鏡』による限り、江戸重長・畠山重忠・河越重頼の三人が頼朝のもとに参会したのは同じ一〇月三日のことであったし[20]、積極的に頼朝に抵抗したのは河越重頼ではなく江戸重長であったのだから[21]、秩父一族のなかで河越氏だけが頼朝から無視される要因はない。しかし、この間の頼朝は河越氏を相手とはせず、江戸重長に対する誘いのことばにはっきりと現れているように、どちらかというと畠山氏に重点をおいて武蔵国の統制を実行しようとしているように感じる。

このような頼朝の河越氏に対する対応の背景には、平氏政権下における河越氏の復活と登用、そして河越氏を中心とする武蔵国支配の貫徹という事態を想定することができるのではないだろうか。頼朝の執拗な河越氏無視・排除は、平氏政権下での棟梁は認めないという意思を表しているように思う。

このように理解すると、『吾妻鏡』が衣笠城攻のときの畠山重忠の行動をわざわざ「平氏の重恩に報んがために」と記していることも気になる。貫達人氏や野口実氏は、河越重頼が父の家督をついだというから、重頼が総検校職であって、重能は長男の流れでありながら、庶流となったため、積極的に新政権である平家についていったのかもしれない。そして平家の後ろだてによって重頼をしのぎ、棟梁の実力をもつようになったのであろう。

というが[22]、畠山氏が平氏の重恩に報いるために立ち上ったとはいえ、上記の史料のように家督の河越氏の援助を仰がなければならなかったことが象徴的に示すように、畠山氏の秩父氏内部における地位は河越氏と並ぶほど高いものではなかったように思う。したがって、ここで畠山氏が「平氏の重恩」といっているのは「平氏の後ろだて」を意味するのではなく、平治の乱で源氏が敗れ、武蔵国の支配も平氏に登用されて復活した河越氏に移ったとき、源氏に近かった畠山氏を存続させ、平氏の武士団として認めてくれたことに対して「重恩」といっていると理解すべきではないだろうか。このあたりにも、平治の乱における源氏の敗北が武蔵国の武士団、とくに秩父氏一族内部の地位の変動に大きな影を落しているといえそうである。

以上、大蔵合戦の敗北によって河越氏は一時的に衰退したものの、平治の乱による源義朝・義平の没落によって、平氏政権のもとでふたたび復活したのではないかということを、いくつかの傍証によって試みた。しかし、残念ながらあくまでも傍証の域を出るものではない。とはいえ、大蔵合戦の敗北によって殺害された秩父重隆の孫重頼が、ふたたび秩父氏の家督を掌握するという事実を整合的に理解するには、このように考えることも一つの方法だと思う。

五　むすびにかえて

以上、推測ばかりになってしまったが、大蔵合戦の要因を秩父氏の家督の移動を根拠に考えてみた。峰岸氏の家督と武蔵国総検校職とをめぐる秩父氏内部の対立に焦点をあてるべき、という視点にしたがって分析を試みたが、河越氏の衰退と復活にみられるように、大蔵合戦を含めそれ以後の武蔵国の政治状況は、秩父氏内部の問題だけから解くことはできないように思う。源氏が関東を政治的な基盤としたときから、中央の政治の波を多かれ少なかれかぶらざるを得なかったのである。

だからといって、関東の武士団がまったく受動的に中央の波をかぶっていたというつもりもない。大蔵合戦における畠山氏の選択、頼朝の武蔵国入りの際の葛西氏、豊嶋氏、そして江戸氏の選択など、秩父氏内部においてもさまざまな動きがあったのである。これらの動向の要因と意味を中央と地域の政治的な諸関係のなかで解き明かしていかなければならないであろう。

たとえば、本稿においても大蔵合戦後の畠山氏の地位の性格、また頼朝の関東制圧後の河越重頼の地位の性格など、十分評価しきれない点が残されたままである。これらの問題については、鎌倉幕府の武蔵国支配の特徴と武蔵国総検校職との関係などを含め、別の機会に考えてみたいと思う。

注

(1)『地方史研究』第二二七号(一九九〇年、本書第三章)。
(2) 吉沢義則校訂『応永書写延慶本平家物語』第三本、「七　木曾義仲成長する事」(改造社、一九三五年)。
(3) この辺りの事情は上横手雅敬「院政期の源氏」(御家人制研究会編『御家人制の研究』吉川弘文館、一九八一年、所収)に詳しい。
(4) 安田元久「古代末期に於ける関東武士団」(初出一九六〇年、『日本初期封建制の基礎研究』山川出版社、一九七六年、所収)。

（5）人物叢書（吉川弘文館、一九六二年）。
（6）『源平盛衰記』（『校注日本文学大系』、『岩波文庫』など）
（7）岡田清一「武蔵国留守所惣検校職に就いて—北条執権政治体制成立史の一齣—」（初出一九七四年、加筆・改訂して同『鎌倉幕府と東国』続群書類従完成会、二〇〇六年、に所収）。
（8）注3論文。
（9）五味文彦「儒者・武者及び悪僧」（初出一九八一年、同『院政期社会の研究』山川出版社、一九八一年、所収）。
（10）峰岸純夫「鎌倉悪源太と大蔵合戦—東国における保元の乱の一前提—」（初出一九八八年、岡田清一編『河越氏の研究』第二期関東武士研究叢書四、名著出版会、二〇〇三年、所収）。なお、同氏のその後の研究として「大蔵合戦と武蔵武士」（初出二〇〇八年、同『中世の合戦と城郭』高志書院、二〇〇九年、所収）がある。
（11）『吾妻鏡』治承四年八月二六日条。
（12）角川地名大辞典『埼玉県』。余談だがここには武者小路実篤が建設した理想郷「新しき村」がある。
（13）注3上横手論文。
（14）注5貫著書。
（15）『吾妻鏡』治承四年八月二六日条。
（16）大蔵合戦も藤原信頼・信説と源義朝・義平との連携のなかで遂行されたと考えられることについては注1拙稿で述べた。
（17）平治の乱後、武蔵国の支配が平氏に移ってしまったことについては、野口実「平氏政権下における坂東武士団」（同『坂東武士団の成立と展開』弘生書林、一九八二年、所収）に詳しい。
（18）『吾妻鏡』治承四年九月二八日条。
（19）同右、治承四年一〇月五・六日条。
（20）同右、治承四年一〇月四日条。そこには「四日癸未、畠山次郎重忠、参会長井渡、河越太郎重頼、江戸太郎重長又参上、此輩討三浦介義明者也」、とある。

(21) 江戸重長が執拗に抵抗していたことは、頼朝が葛西清重に「大井の要害を見ようと偽って重長を誘引し、討ち進むべき」と命じていることにもよく示されている（『吾妻鏡』治承四年九月二九日条）。

(22) 注5貫著書、注17野口論文。

第三章　武蔵国橘樹郡稲毛荘の成立と開発

一　はじめに

中世成立期の武蔵国においてその成立過程や開発の過程ないし構造が判明する荘園は多くはない。そのなかの一つ平安末期にその存在が確認される多摩郡船木田荘は、九条家から東福寺に伝領され、多くの関連文書を残しているが、その具体的な内部構造などが判明するのは残念ながら一四世紀中頃以降のことである。(1)

その点、関連文書は少ないが、平安末期の事情をある程度伝えてくれるのが橘樹郡に所在した稲毛荘である。といっても、後述のように、関連文書がわずかに二点であるため、『川崎市史』第一巻や『神奈川県史』通史編・『埼玉県史』通史編などで全体的な概要について叙述されている程度で、あとは部分的な言及がなされているに過ぎない。「地方史研究協議会」の多摩大会の開催にあたり、問題提起を求められたことをチャンスに、多摩川流域の稲毛荘の成立過程と開発について考えることによって、平安末期の武蔵国の開発状況について少々言及をしてみたいと思う。

二 平治元年検注の意味

周知のように稲毛荘は、平安時代末期に藤原摂関家領荘園として成立した。そして関白藤原忠通の手より娘の皇嘉門院聖子（崇徳天皇中宮）に譲られ、さらに聖子は治承四年（一一八〇）、甥の九条良通（九条兼実の子）に譲与し、稲毛荘は九条家領荘園の一つとなる。しかし、鎌倉時代中期には「地頭請所」となっており、以後九条家文書などから稲毛荘関係の史料がみえなくなることから、このころをもって九条家の稲毛荘支配は終わってしまったであろうといわれる。(2)

稲毛荘のたどった経過は概略以上のようなものであるが、ここで問題にしようとしている平安時代末期の稲毛荘の成立事情と開発に関する史料が次の二点の史料で、それは長寛二年（一一六四）七月一八日「末成等押取雑物注進状」(3)と承安元年（一一七一）の「稲毛荘検注帳」(4)である。この二点の史料から得られる情報は少なくはないが、とくに後者には「平治元年御検注定」という記載があって、平治元年に行われた検注の内容が記されていることが注目される。したがって、この二史料から判明する平安末期の稲毛荘の歴史は次のようになろう。

a　平治元年（一一五九）に検注が行われた。
b　長寛二年（一一六四）末成・為次らによる年貢押取事件が報告される。
c　承安元年（一一七一）ふたたび検注が行われた。

以下この三点を手がかりに、他の皇嘉門院領荘園に関する史料との関連を考えながら、平安末期の稲毛荘をめぐる情況についてみてみることにしたい。

料金受取人払郵便

麴町支店承認

7998

差出有効期限
平成25年8月
25日まで

郵便はがき

102-8790

104

東京都千代田区飯田橋4-4-8
東京中央ビル406
株式会社 同成社
読者カード係 行

ご購読ありがとうございます。このハガキをお送りくださった方には今後小社の出版案内を差し上げます。また、出版案内の送付を希望されない場合は右記□欄にチェックを入れてご返送ください。 □

お名前《ふりがな》　　歳　　男・女

〒　　TEL

ご住所

ご職業

お読みになっている新聞・雑誌名

〔新聞名〕　　〔雑誌名〕

お買上げ書店名

〔市町村〕　　〔書店名〕

愛読者カード

お買上の
タイトル

本書の出版を何でお知りになりましたか？

イ．書店で　　ロ．新聞・雑誌の広告で（誌名　　　）

ハ．人に勧められて　　ニ．書評・紹介記事をみて（誌名　　　）

ホ．その他（　　　）

この本についてのご感想・ご意見をお書き下さい。

注文書　　　　年　　月　　日

書　名	税込価格	冊　数

★お支払いは代金引き替えの着払いでお願いいたします。また、注文書籍の合計金額（税込価格）が10,000円未満のときは荷造送料として380円をご負担いただき、10,000円を越える場合は無料です。

表1　稲毛本荘承安元年田数検注目録

A	a　合　田			263町8段180歩
		b　見作田		262. 6. 180
		c　荒　田		1. 2.
B	a　本　田（平治元年の検注で定められた田）			206. 6. 300
		b　除　田		17. 5.
			新御願寺免	5. 0.
			春日新宮免	2. 0.
			中司御佃	3. 5.
			下司免	2. 5.
			兵仕免	1. 5.
			夫領免	1. 0.
			皮古造免	0. 5.
			井料田	1. 5.
		c　定　田		189 .5.
		所当御年貢		379疋
		（八丈絹1町あたり2疋で）		
C	a　新　田			55町6段240歩
		b　古　作		20. 1. 180
		c　今年新田		35. 5. 60
	d　除　田			13. 8.
		e　神　田		1. 2.
			稲毛郷鎮守2所	6.
			□《小カ》田中郷鎮守	3.
			井田郷鎮守	3.

（石井進『鎌倉武士の実像』より）

さて最初はaの平治元年の検注についてであるが、問題はこのころすでに摂関家領であったか否かである。これを解く鍵は二つあって、一つは平治元年の検注のときに定められた「除田」のなかに「春日新宮免二町」が含まれていることである（表1参照）。周知のように春日神社は藤原摂関家の氏神であるから、一二世紀中期という時期に大和国の神社をこの地に勧請し祀っているということは、このときすでに稲毛荘が摂関家領荘園として成立していたことを推定させよう。

二つ目は、保元元年（一一五六）に関白忠通の長男基実の拝賀が行われたとき、兵部省の省掌らの禄として「武蔵御庄の年貢」が使用されていることである。[5]現在判明している武蔵国の摂関家領荘園は稲毛荘（本・新）と船木田荘（本・新）だけであるから、[6]この「武蔵御庄」はどちらかの荘園だと考えられる。この時禄として与えられたのは絹と布であったが、稲毛荘の年貢が絹と布であったのに対して、船木田荘の年貢は、鎌倉時代中期ごろの史料でしか確認できないものの「例布」だけであったから、[7]この「武蔵御庄」は稲毛荘である可能性が高いと考えられる。

以上の推定によると、保元元年時点はやや不確定な要素はあるものの、平治元年には摂関家領荘園として成立していたことは間違いあるまい。

成立時期をめぐる問題についてはは後でふたたび触れることとして、次に問題なのは平治元年に検注が行われた意味である。結論を先に述べると、このときが皇嘉門院領荘園としてのはじめての検注と考えられる。

というのは、前年保元三年八月後白河天皇が二条天皇に譲位するにともない、藤原忠通も子基実に関白を譲り引退しており、さらに長寛二年（一一六四）には六八歳で没しているからである。『兵範記』仁安二年（一一六七）五月二三日条によると、皇嘉門院聖子の所領は父忠通から直接譲られたことがわかるから、以上のような経過を考えるとその機会はこのときをおいてないであろう。保元三年八月ごろ父の引退にともない稲毛荘などの荘園群を譲られた皇嘉門院聖子は、早速翌年（平治元年）検注を実施したのである。そのとき、すでに本田が二〇六町六段余という開発の相当進んだ大荘園であった（表参照）。このことの意味については後述しよう。

三　応保二年・長寛元年年貢押取事件の背景

長寛二年（一一六四）七月一八日に大江某によって提出された「末成等押取雑物注進状」が「陽明文庫所蔵兵範記」の裏文書として残されている。「兵範記」の裏文書として残されていることや、その注進状のなかに「稲毛」・「小田中」という地名が記載されていることから、この史料が稲毛荘の関係史料であると推測されてきているが、それは首肯できる推測であろう。(8)

この注進状によると姓不詳の末成と為次の二人によって押し取られたのは、年貢の八丈絹と「私得分」（注進状を提出した大江某の得分のことか）の二つに区分される。その内容も興味あるが、ここではその押取分が実は「去々年」と「去年」分であったことと、押取された年貢量とに注目することによって、この押取事件の意味を考えてみることにしたい。

まず後者から検討しよう。注進状によれば、「去々年」に押取された年貢は八丈絹で二一二疋二丈、「去年」は預所の得分を加えて四三三疋三丈となっている。承安元年（一一七一）の検注帳に記された「本田」分の年貢高（除田を除いた定田分）は八丈絹で三七九疋であるから、これに準拠する限り、「去々年」の押取分は年貢高の約六〇パーセントにあたることになる（ただ押取された年貢高と併記されている「馬六疋代」「白布四十六段代」「見八丈絹」を合算すると三六七疋余となり、ほぼ一年分の年貢高となる）。「去年」分は年貢高を五四疋余も上回っているが、これには預所の得分も入っていることを考慮するならば、ほぼ年貢全額が押取されたと推定されよう(9)。さらにこれに「私得分」が加わるのである。

この押取量の多さは異常である。というより、預所の得分も含めて、一年の年貢の全額が押取されているということは、単なる押取ではなく、荘園の停廃に関わるような意味合いを持った事件であると考えるべきではないだろうか。問題はこのような大掛かりな押取が起きた要因である。このような規模から判断して、単なる在地勢力の対立や荘園内の内部矛盾の結果というようなものではなく、その背景には荘園の停廃に関わるもう少し大きな政治的な要因を考えるべきであろう。

そのとき注目されるのが、この押取が、「去々年」＝応保二年（一一六二）に始り、「去年」＝長寛元年（一一六三）と連続して起きていることである。というのは、これも周知のように平治元年（一一五九）の平治の乱を契機に武蔵国の政治情勢は大きく変化するからである。具体的には乱で敗北した源義朝一族の影響力の衰退と、それに代って武蔵国司を掌握した平氏の勢力の浸透・拡大である。

とくに後者に注目すると、平治の乱のときの武蔵国司は藤原信説であったが、彼は義朝とともに乱で敗北した藤原信頼の弟であった。そして信説の前任はその信頼自身であったのである。『埼玉県史調査報告書　坂東八箇国国司表』[10]によると、藤原信頼の武蔵国司就任は久安六年（一一五〇）七月二八日のことで、久寿二年（一一五五）に重任し保元二年（一一五七）八月二三日まで在任した。その信頼の後をうけて同年一〇月二二日に弟の信説が任命された。信頼兄弟の武蔵国支配は一〇年にも及んだのである。

また、康治二年（一一四三）・天養元年（一一四四）ごろ相模国鎌倉を本拠に、下総国の相馬御厨や相模国大庭御厨への介入を繰返し、勢力拡大を目指していた源義朝一族は、一一五〇年代に入ると武蔵国にも介入し、久寿二年（一一五五）には義朝の長子義平が、武蔵国比企郡大蔵館を攻めて秩父重隆と源義賢を討ち破るという事件をおこし[11]、関東一帯の掌握に成功するのである。このように保元の乱前後の時期に、源義朝と藤原信頼がともに武蔵国を政治的経済的基盤としていたことは注目してよい。

さらにこの両者の間には、単に武蔵国を政治的な基盤としていたという共通性だけではなく、何らかの政治的な関係が成立していたと推定される。というのは、前述の大蔵合戦に対して武蔵国司である信頼が介入や処罰をした形跡が何ら確認できないからである。源義賢との戦いは一族内部の私戦であったとしても、武蔵国留守所総検校職をもつ秩父重隆を殺害したことは、武蔵国衙にとっても看過できない事件というべきであろう。それに対して武蔵国衙が何らかの対応をとった形跡はみあたらないのである。このことは、武蔵国守信頼と義平（実際は父の義朝）との間で、この事件に関して一定の了解が成立していたことを示していると考えられよう。

しかし、このような義朝—信頼・信説の武蔵国支配体制も平治の乱による両者の敗北によって大きな変化をうけることになる。とくに信説に代って永暦元年（一一六〇）二月に武蔵国守に任命されたのが、乱の勝者である平清盛の四男知盛であった[12]。この時知盛は当時わずか九歳であったから、実質的な武蔵国支配は清盛の手中にあったと考えるべきであろう。そして平氏が、これを契機に強力に武蔵国支配と武士団の編成を推し進めたことはすでに多くの論者の指摘するところである[13]。

このような武蔵国支配体制の変化の一つの現象として、直接平氏権力の介入があったか否かはともかく、政治体制の交替のなかで生じた政治的な混乱の一現象として、応保二年（一一六二）・長寛元年（一一六三）の両年に連続しておきた稲毛荘年貢押取事件を考えることができるのではないだろうか。

以上情況証拠の域を出てはいないが、応保二年・長寛元年と連続して起き、さらに年貢のほとんどが押取されるという大規模な稲毛荘年貢押取事件の要因として、平治の乱を契機とした武蔵国における政治支配体制の変化を想定することは十分可能であろう。

四　稲毛荘の成立事情

問題提起ということでさらに推測を付け加えるならば、稲毛荘が摂関家領として成立する背景に、前節で述べた義朝・信頼の働きを考えることができると思う。保元の乱のとき、源義朝が藤原忠通方の武力として活躍したことは明らかであるし、さらに乱後藤原頼長が父忠実から伝領していた東三条邸を没官し、その邸を預けられるとともにその守護にあたったのも源義朝であった。藤原忠通との関係の深さを物語っている。

一方、藤原信頼の保元の乱以前の摂関家との関係は不明であるが、彼の同母の妹が忠通の長子基実の妻となっていることが注目される。『尊卑分脈』によれば次のように記されている。

六条摂政基実公北政所
女子　摂政基通公母
母同信頼　猶子也［わ无］

この婚姻の時期は確定できないが、基実が一四歳で拝賀の儀を行った保元元年（一一五六）ごろから藤原信頼が平治の乱で敗北する平治元年（一一五九）までの間であろう。そして彼女が永暦元年（一一六〇）に基実の嫡子基通を生んでいるのである。摂関家との婚姻関係の深さは明らかである。さらにもう一つ付け加えておくと、信頼は、当時「院第一の蔵人」といわれ院の近臣として権勢を振っていた藤原家成との婚姻関係も深かったのだが(15)、その家成が実は藤原頼長と政治的な対立関係にあったのである。保元の乱の一つの要因が忠通と頼長との対立にあったことはいうまでもないから、藤原信頼と忠通とは政治的にも近い立場にいたことがわかろう。

とすると、前述したが、忠通が基実拝賀の儀の費用として武蔵国の荘園の年貢を用いたことが注目される。なぜならそのときの武蔵国守が藤原信頼であったからである。そして平治元年の段階で、すでに本田が二〇六町余という大規模な開発が進んでいた荘園であったことは、その開発領主の確定はできないとしても、この地がまったくの新開発の所領ではなく、国衙領としてすでに開発が進んでいた地域であり、それが寄進され立荘されたものではないかという推定が可能になる。国衙領の立券が国司の密接な関与なしに成立しないことは改めていうまでもない。

また前述のように保元元年は、源義朝の子義平が大蔵合戦で秩父氏と源義賢を破り、関東における義朝・義平の覇権が確立した時期でもあった。

まったくの傍証の羅列にすぎないが、稲毛荘が摂関家領荘園として立荘される時期として、藤原信頼と源義朝がともに摂関家（忠通・基実）と政治的・人的に接近し、かつ両者が武蔵国（とくに南部に）支配権を確立していた保元の乱前後が可能性として高いということを推定したおきたい。

五　承安元年の検注と稲毛荘の開発

二度にわたる年貢押取事件がどのような経過で決着をみたのかは不明であるが、承安元年（一一七一）ふたたび検注が行われ、合せて二六三町余の田数が確認されており、かつそれが「稲毛本御荘」の検注とあるから、このときまでに新荘をも分立させるほど政治的な回復が図られていたことが推測される。

しかし、事態はそれほど安定的に推移したわけではない。というのは『兵範記』仁安二年（一一六七）五月二三日条によれば、この日皇嘉門院はそれまでの封戸を辞すとともに、忠通から伝領した「御領庄園」を「当時牢籠無くと雖も、向後の亀鏡に備える」ことを理由に院宣を申請し、両条とも認められているからである。具体的な所領の記述はないが、このなかに稲毛荘も含まれていたことは間違いないであろう。

問題は、「牢籠がない」とはいえ、この時期にこのような手続きをとった意味である。この要因として考えられるのは、前年仁安元年七月二六日に摂政藤原基実がわずか二四歳の若さで死亡したことを契機におきた摂関家領荘園の伝領をめぐる問題が考えられる。すでに周知のことではあるが、『愚管抄』巻第五「六条」によれば、娘盛子を基実の妻にしていた平清盛は、基実の嫡子基通が幼少であったことを口実に、基実の後を受けて摂政の地位についた基房には「殿下渡領」だけを渡し、大部分の基実家領を基通の養母である盛子が一時的に預かるという形式で相続することにしてしまったのである。[16] いわゆる平氏の摂関家領押領事件である。

この時『愚管抄』が

又故摂政殿ノ若君モコノ御ハラニテコソ候ハネドモ

と明記しているのも、基通が単に幼少であったから上記のような処置がとられたのではなく、基通の母が平氏に敵対した藤原信頼の娘であったことを、盛子が意識していたことを示していると思われる。

このような平清盛の横暴な行為と権力の強さを目のあたりにした皇嘉門院が、自分の所領にも危険を感じ、その保全を院に求めるのは当然の行動であるといえよう。時間的にあきすぎてはいるが、このときの領有確認に基づいて改めて検注が行われたのが、承安元年の検注ではないだろうか。

この検注で注目されるのは、「本田」と「新田」が区分して検注されており、前述した平治元年の検注以後の開発状況が判明する点であろう（表参照）。それによると平治元年以後の「新田」は五五町六段余となるが、その特徴として次の二点を指摘できる。

第一は、「新田」のなかでも「古作」に比べて「今年新田」の割合いが高いこと、第二に、「本田」に対する「除田」の比率よりも「新田」に対する「除田」の比率の方が高いことである。平治元年以後の「新田」である「古作」の面積が、一〇年以上も経ているわりには少ないことの要因として、やはり応保二年（一一六二）・長寛元年（一一六三）と連続しておきた年貢押取事件や、仁安二年（一一六七）に至って所領の公験の確認を行わなければならなかったような稲毛荘を取りまく政治的状況を想定しなければならないであろう。

それに対して「今年新田」が非常に多いことは、ようやくこの時期になって安定的な所領経営と開発が進展するようになったと評価することが可能であろう。この点は第二の特徴として指摘した「除田」の比率の違いと、構成の違いにも反映していると考えられる。というのは、「新田」分の「除田」は「神田」からはじまっており、それらがすべて郷の鎮守社分であるのに対して、「本田」分の場合は「新御願寺」「春日新宮」などと中央系統の寺社免田であるというように、対照的な構成になっているからである。それに「本田」の場合は、「兵士免」「夫領免」「皮古造免」などの呼称も、どちらかというと在地の側からの呼称ではなく、領主側の夫役体系に基づく呼称と考えられ、領主の要求によって設置されたものであるといえよう。

このような対比から推測するならば、「新田」分の「除田」の欠損部分には、この郷の鎮守の「神田」と同様に、どちらかというと在地側にとって有用な免田が記されていたのではないだろうか。たとえば在地の寺・堂の免田や祭田、下司より下位の「村落領主」級の荘官である公文などの給田、さらに新開発のための井料田などである。このような在地にねざした除田が、「本田」分のそれよりも割合いが大きいところに、この間の新田開発の主体が荘民ら在地勢力にあったことを示していると考えられるのである。

わずか「除田」の構成と「神田」の記載からの類推であるが、平治元年以後の開発の様相を以上のように考えてみたいと思う。

六　むすびにかえて

推測の連続で論文としての体をなしてはいないが、平安末期の稲毛荘の成立事情と開発について考えてみた。史料的な制約から、解明が遅れているこの時期の武蔵国の状況を考えるために、無理を承知で推測を加えてみたが、今後の研究の何らかのステップになれば幸いである。

注

(1) 『日野市史　通史編』二、上（一九九四年）。
(2) 田代脩「武蔵国」（網野善彦他編『講座日本荘園史』第五巻、吉川弘文館、一九九〇年、所収）など。
(3) 陽明文庫所蔵「兵範記」仁安二年秋巻裏文書（『平安遺文』三三八九号）。
(4) 「中右記」部類巻一六裏文書（『平安遺文』三五九〇号）。
(5) 『兵範記』久寿三年二月五日条。
(6) 注2。
(7) 「一条摂政実経家所領目録案断簡」（『九条家文書』一）。
(8) 注3文書には、「御年貢准八丈絹弐佰拾弐疋弐丈稲毛百八十疋二丈小田中世二疋」などとある。
(9) 注4。
(10) 埼玉県県民部県史編さん室編集・発行（一九八七年）。
(11) 峰岸純夫「大蔵合戦と悪源太義平」（初出一九八八年、岡田清一編『河越氏の研究』第二期関東武士研究叢書四、名著出版会、二〇〇三年、所収）。なお、同氏のその後の研究として「大蔵合戦と武蔵武士」（初出二〇〇八年、同『中世の合戦と城郭』高志書院、二〇〇九年、所収）がある。参照をお願いしたい。大蔵合戦については本書第二章「大蔵合戦と秩父一族」も参照されたい。
(12) 注9。
(13) 野口実『坂東武士団の成立と発展』（弘生書林、一九八二年）など。
(14) 藤原家成の娘と信頼が、そして信頼の妹と家成の子隆季がそれぞれ婚姻関係にあった。
(15) 飯田悠紀子『保元・平治の乱』（教育社、一九七九年）。
(16) 『愚管抄』巻第五「六条」（『日本古典文学大系』岩波書店、二四二頁）

Ⅱ 内乱

第四章　黄瀬川と流人頼朝

一　はじめに

沼津市域の中世社会を考えようとするとき、一番困難な問題は関係史料の偏頗性である。それはすでに刊行されている『沼津市史　史料編　古代・中世』（一九九六年）をみると明白である。そこには「中世」史料として七五一通が収録されているが、一五世紀中葉、具体的には応仁の乱（一四六七年）以前は二〇〇通弱に過ぎず、あとの五五〇通以上は応仁の乱後のいわゆる戦国時代に属する史料なのである。このような状況であるから、中世でも戦国時代の特質はある程度解明できても、それ以前の時代に関する史料は少ない上、そのほとんどが断片史料のために、その社会の特徴について解明することが非常に難しいといわざるを得ない。しかし、沼津市域の中世社会を戦国時代の叙述だけで済ますことはできないので、少ないなりに史料を収集してできうる限りの復元を試みることが求められているといえよう。

さて、沼津市域の鎌倉時代の史料を調べてみると、黄瀬川駅や車返宿さらに原（中）宿に関するものが多いことがわかる。これら交通に関する史料が多いこと自体、東海道沿いの町場として繁栄してきた沼津の歴史性を物語っている。そこで、それらの宿駅のなかでも比較的多く確認でき、かつ単なる地名だけではなく、そこに関する具体的な記述のある黄瀬川宿に焦点をあてて、鎌倉前期の沼津市域の様相とその政治的意味を初期の頼朝政権との関わりのなかで考えてみようとするのが本章の課題である。

なお、「きせがわ」の表記には木瀬川と黄瀬川とがあるが、本章では便宜的に河川名を表記するときは「木瀬川」を、宿駅名を示すときは「黄瀬川」を用いていること、さらに史料上は黄瀬川「駅」と記されている場合もあるが、煩雑なので「黄瀬川宿」に統一して使用していることを最初にお断りしておく。

二　黄瀬川宿の構造

まず、黄瀬川に関する史料をいくつか紹介して、そこから特徴を導き出してみたい。

〔史料1〕『玉葉』元暦元年（一一八四）八月二一日条

廿一日、晴、（中略）定能（藤原）卿来、伝聞、頼（源）朝出鎌倉城、来着木瀬川（伊豆与駿河之間云々）辺、暫逗留、進飛脚申云、已所上浴（洛）仕也、

『玉葉』はときの右大臣九条兼実の日記であるが、彼は伝聞として、治承四年（一一八〇）の八月に挙兵した源頼朝が、元暦元年八月平氏追討のために上洛しようとして木瀬川まで兵を進めたという情報を得たのだが、そのとき木瀬川は「伊豆と駿河の間（境）」であると注記していた。京都から遙かに遠い木瀬川であったが、兼実は確かな地理的な情報をもっていた。というより、兼実が挙兵後の頼朝の動静に関心をもっていたからこそ正しい認識がもてたというべきかもしれない。

〔史料2〕『吾妻鏡』文治元年（一一八五）一一月一日条

一日、庚辰、二品（頼朝）着御駿河国黄瀬川駅、被触仰御家人等云、為聞定京都事、暫可逗留于此所、其程各可用意乗馬并旅粮已下事云々、

〔史料3〕『吾妻鏡』文治元年一一月七・八日条

七日、丙戌、二品為召聚軍士、為聞食定京都事、逗留黄瀬川宿給之処、去三日行家・義経出中国落西海之由、有其告、（中略）

八日、丁亥、（中略）又彼等已落都之間、止御上洛之儀、今日令帰鎌倉給云々、

〔史料2〕から、頼朝が京都で反旗を翻した叔父行家と弟義経を討つために上洛しようとして、また黄瀬川宿まで来ていること、しかし、京都の動静が不明なのでしばらくそこに逗留することにしたことがわかる。そして〔史料3〕から、その逗留が八日まで続いていたことが確認できる。すなわち、黄瀬川宿は上洛する頼朝軍を八日間も逗留させておく能力が存在したのである。その施設の構造は不明だが、それ相応の施設と逗留の条件を兼ね備えた領域であったことは間違いないであろう。

その施設の一端を垣間みることができるのは遊興の場としての黄瀬川である。周知のように、頼朝は治承四年八月一七日三島神社の祭礼の日を選んで挙兵したが、そのとき、相手の山木兼隆の郎従の多くが祭礼参拝の後「黄瀬川宿に到留し逍遙」していたというし、[1] 建久四年（一一九三）の富士の巻狩りでは、狩宿での酒宴に「手越（有度郡）・黄瀬河以下近辺遊女令群参」しめていた。[2] また、その巻狩りの最中、曽我祐成・時致兄弟が父の仇工藤祐経を討った話は有名だが、その祐経の狩宿には「手越の少将・黄瀬川の亀鶴」という名の遊女が侍っていたというから、[3] 黄瀬川は伊豆・駿河では人に知られた遊興の場であったといえよう。

このように、逗留の場として適当な場所であったこともあろうが、黄瀬川は軍勢結集の場でもあった。挙兵した頼朝は、治承四年九月二〇日、使者を甲斐国に派遣して、武田氏以下の甲斐源氏に、北条時政に従って「可被来向黄瀬河辺」ことを伝えているし、実際それより約一カ月後に「爰甲斐・信濃源氏并北条殿相率二万騎、任兼日芳約、被参会于此所《（黄瀬川）》、武衛謁給」と黄瀬川に結集している。[4] また、前記の〔史料2〕に「其程各可用意乗馬并旅粮已下事」とあったように、頼朝はここで「乗馬ならびに旅粮」の準備を命令しているから、兵站基地としての役割ももっていたのであった。黄瀬川がこのような性格をもっていたのは木瀬川の西側、現在の沼津市北東部から裾野市桃園にかけて大岡牧が存在したことと密接に関係しよう。[5]

また、黄瀬川は政治の場でもあった。それは〔史料3〕に記されていたように、頼朝がこの地に逗留したのは軍備を整えるためだけではなく、「為聞食定京都事」という目的のためでもあった。諜報戦の基地でもあったのである。

さらに注目すべきは、頼朝は建久六年（一一九五）春、東大寺大仏再建供養ため二度目の上洛を行ったが、その帰路、黄瀬川駅で「善政」を実施したことである。この「善政」は、美濃国の青墓、尾張国の萱津、遠江国の橋本など東海道の一連の宿駅で行われており、黄瀬川での「善政」もその一環であった。[6] 史料を示すと次のようである。

〔史料4〕『吾妻鏡』建久六年六月二八日条〜七月六日条

六月二八日　令着御于美濃国青波賀駅、相模守惟義献駄餉、相州美乃国守護也、

二九日　着尾張国萱津宿給、当国守護人野三刑部丞成綱進雑事云々、

七月　一日　熱田社御奉幣、大宮司範経、被奉龍蹄御劔等、引進御馬云々、

二日　於遠江国橋下《（本）》駅、当国在庁并守護沙汰人等予参集、義定朝臣之後、国務及検断等事、就清濁、聊有令尋成敗給事云々、

六日　於黄瀬河駅、駿河伊豆両国訴事等条々令加善政給云々、

八日　申剋、将軍家着御鎌倉云々、

黄瀬川で駿河・伊豆両国の訴えについて「善政」が加えられていることは明らかである。両国に対して善政が加えられたのは〔史料1〕にもあったように、黄瀬川が駿河と伊豆の境であったからであろう。その地理的な位置はともかく、これからも黄瀬川が頼朝にとって政治的に重要な場所であったということができる。

ところで、この黄瀬川宿が特別な地域であったことを物語る史料として、「宗尊親王鎌倉御下向記」がある。[7] これは、建長四年（一二五二）鎌倉幕府第六代の将軍になった後嵯峨天皇の子宗尊親王が将軍就任のため鎌倉へ下向するとき、各宿々でその準備をする責任者を書き上げた史料であるが、関連する部分を摘記すると次のようである。

〔史料5〕「宗尊親王鎌倉御下向記」建長四年（一二五二）

御下向の御すく〳〵（宿々）ならひにひるの御まうけ（儲）の所

のち　ゆきのせんし

か丶み　をなし

（中略）

おかへ（岡部）　さかみのかみ（相模守）

てこし（手越）　同

おきつ（興津）　同

かんはら（蒲原）　同

は丶なか（原中）　あの（阿野）　きせかわ（黄瀬川）

さの（佐野）　　さの〻ちとう（佐野ノ地頭）
あゆさわ（鮎沢）　　かいのくに（甲斐国）
（後略）

一覧して明らかのように、まず宿名が記され、その後にその宿を準備する責任者の名が記されている。すなわち、駿河国の岡部・手越・興津・蒲原の各宿は相模守がその任にあたっていた。駿東郡の佐野宿は佐野荘地頭が、鮎沢宿は甲斐国の守護が責任を負うことになっているが、沼津市域の原中・阿野・黄瀬川の三宿には責任者の名がない。

これはなぜなのだろうか。『裾野市史　第八巻　通史編Ⅰ』[8]は、これら三宿も佐野荘の地頭が分担したと解しているが、近江国の「か〻み」宿や手越・興津・蒲原の場合をみてもわかるように、同じ人物が責任をもつ場合は「をなし」ないし「同」と書かれることになっているから、そのような記載のない三宿を佐野荘の地頭が分担したと決めつけることはできない。私は、伊豆・駿河の両国が、鎌倉時代の早い時期から北条得宗家が守護職を得ていることから[9]、この三宿は北条家が責任をもったために、わざわざ名を注記しなかったのではないかと考えたい。

その傍証になると思われるのが、前記〔史料4〕の内容である。各宿で「善政」が行われたことは前述したが、もう少し詳しくみると、青墓では美濃国守護大内惟義が、萱津では尾張「守護人野三刑部丞成綱」が、橋本では「当国在庁并守護沙汰人等」がその善政に参加していたように、これらの宿々では守護らが集められているのに対して、黄瀬川宿ではそのような記載がないのである。これは頼朝自らが直接「善政」を施したことを意味しているのではないだろうか。だから守護などの名前を記す必要がなかったと考えたい。このように、鎌倉時代前期における黄瀬川宿は幕府の直轄地的な性格をもっていたと考えられる。

以上、断片史料からではあるが、黄瀬川宿の性格を復元してみた。そこからわかるのは以下のような諸点であろう。

まず第一は、宿駅の施設が存在し、そこでは遊女などが活動する都市的な場であったことであり、第二は、近隣に所在した大岡牧の影響もあろうが、軍事上の拠点としての性格であり、第三は、幕府の直轄地的な性格をもち、政治的にも重要な場であったことである。

ところで、この節の最後に触れておかなければならないのは、黄瀬川宿の位置である。一般的には、木瀬川の西岸に存在する沼津市木瀬川地区に比定されており、私も今のところそれでよいと考えているが、そのような認識に反する史料も存在する。それは鎌倉時代後期弘安年間（一二七八〜一二八七）に鎌倉へ下向した歌人飛鳥井雅有の紀行和歌集『はるのみやまぢ』である。(10)

〔史料6〕『はるのみやまぢ』

はらなか《原中》の宿といふ所にたちいりぬ。くれぬべしといそげば、また心あわたゞしくていづ。くるまがへし《車返》の所までは二里とかや。きせ《木瀬》川は足がら《柄》へかゝる道なれば、よそにみてすぐる。するが《駿河》のこふ《国府》ちかくなりてこ川あり。雨ふり川となんいふと申せば、そのゆへをとへば、雨ふらんとては水なくなると申。

雅有が原中宿（沼津市原）から車返宿（沼津市三枚橋付近）を通過して「するが」（「伊豆」の間違い）国府（三島市）へ向かうときの風景である。問題は「木瀬川は足柄へかかる道なれば、よそに見て過ぐる」という箇所である。これによる限り、黄瀬川宿は足柄峠へ向かう道にあり、車返宿から伊豆国府へ行く道とは別ルートにあったことになる。とすると、黄瀬川駅を現在の木瀬川地区には比定できず、さらに木瀬川の上流部に位置した地域にあったと理解せざるを得ない。最初に述べたように、黄瀬川宿に関する史料は断片的なものが多いので、この『はるのみやまぢ』だけを根拠にその比定地を確定することはできないが、今後の検討のために紹介しておきたい。

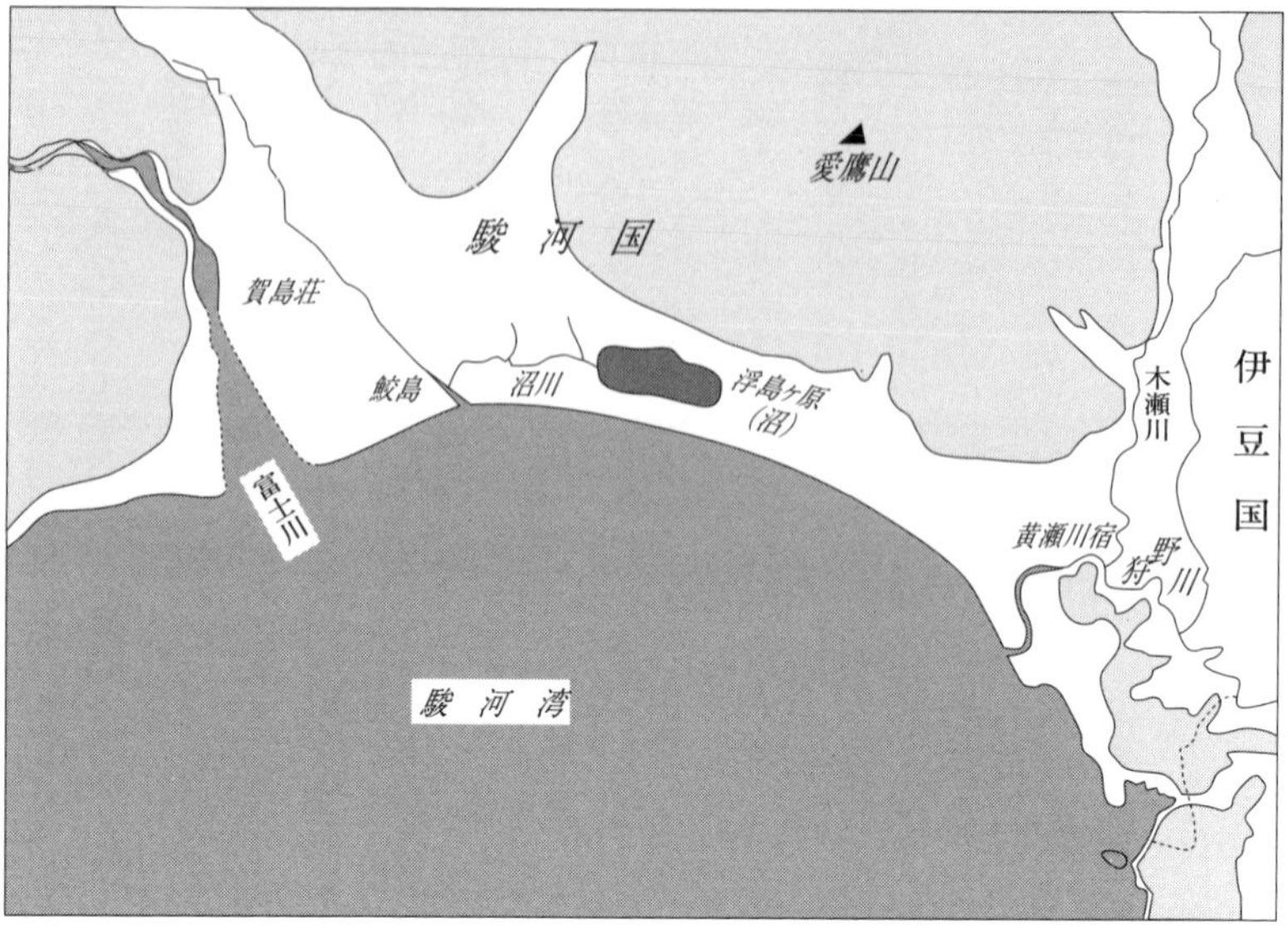

図１　富士川の合戦概念図

三　黄瀬川と頼朝

以上の紹介によって、挙兵間もない頼朝がたびたび黄瀬川宿まで武士団を進めていたことが確認できる。治承四年（一一八〇）一〇月一八日には平惟盛を大将とした平氏軍を迎え撃つために黄瀬川宿まで兵を進め、そこで甲斐・信濃の源氏と参会したこと、さらに〔史料２・３〕から、文治元年（一一八五）一一月には叔父行家と弟義経の離反を討つべく軍を黄瀬川まで進め、八日間も逗留していたことは前述した通りである。

ところで、頼朝は治承四年八月伊豆で挙兵したが石橋山合戦に敗北し、房総半島に逃れた。その後半島と武蔵国を経由するなかで、千葉氏・上総氏、さらに河越・畠山・江戸などの秩父氏一族の味方を得て、一〇月六日に義朝以来の縁の地鎌倉に入って以後、頼朝は建久元年（一一九〇）の最初の上洛まで鎌倉を離れることがなかったことは知られた事実である。

しかし、前述のように頼朝は少なくとも黄瀬川宿までは来ているのだから、その初期においては「鎌倉を離れなかった」というのは厳密ではない。そこで新たな問題として浮かび上がってくるのが、頼朝は黄瀬川まで来たが、木瀬川を越えられたのか、ということである。前述の治承四年と文治元年の例による限り、頼朝は黄瀬川宿に逗留しているのであって、それを越えたという史料はない。

ただ、このような考え方に合致しないのが治承四年一〇月二〇日のいわゆる「富士川の合戦」である。やや長くなるが史料を引用しよう。

〔史料7〕『吾妻鏡』治承四年一〇月一八日・二〇日条

十八日、丁酉、（中略）及晩着御黄瀬河、以来廿四日、被定箭合之期、爰甲斐・信濃源氏并北条殿相率二万騎、任兼日芳約、被参会于此所、武衛謁給、（中略）

廿日、己亥、武衛令到駿河国賀嶋給、又左少将惟盛、薩摩守忠度、三河守知度等、陣于富士河西岸、而及半更、武田太郎信義、廻兵略、潜襲件陣後面之処、所集于富士沼之水鳥等群立、其羽音偏成軍勢之粧、依之平氏等驚騒、爰次将上総介忠清等相談云、東国之士卒悉属前武衛、吾等憖出洛陽、於途中、已難遁囲、速令帰洛、可構謀於外云々、羽林已下任其詞、不待天曙、俄以帰洛畢、（中略）印東次郎常義者、於鮫嶋被誅云々、

富士沼の水鳥の羽音に驚いて平家軍が戦わずして軍兵を引き上げ逃げ帰ってしまった、という有名な話であるが、問題なのはここから確認できる頼朝軍と平氏軍の動きと位置関係である。

まず、頼朝は一八日に黄瀬川に到着した。そして、記事を略したが、一九日も依然黄瀬川に陣を敷いている。肝心の二〇日をわかりやすく整理すると次のようである。

①　頼朝は富士郡賀嶋に陣を移した。

② 平氏軍は富士川の西岸に陣を張った。
③ 武田信義が計略をめぐらし平氏軍の「後面」を襲ったところ、富士沼の水鳥がそれに驚いて一斉に飛び立った。
④ 平氏はその羽音を源氏の軍勢と間違え、軍兵を引き上げて夜が明ける前に帰洛してしまった。

賀嶋は現在の富士市西南に位置しており、富士川の東岸にあたるから（図1）、平氏軍がその西岸に陣を張ったというのは一応理解できるが、問題は③である。それは平氏軍の「後面」と「富士沼」との位置関係に整合性がないからである。平氏軍の「後面」というからには、武田信義が襲ったのは富士川の西岸でなければならない。しかし、「富士沼」は沼津市西部から富士市東部にかけて広がっていた湿地帯である浮島ケ原、ないし浮島沼を指すと考えられるから(11)、これらの位置関係は富士川を挟んでまったく逆になってしまうのである。

また、「富士沼」が浮島ケ原（沼）であったとして、そこまで平氏軍の先陣が出向いていたとすると、賀嶋は浮島ケ原より富士川に近い所に位置するから、頼朝は平氏軍の真っ直中へ陣を張ったことになり、奇襲をかけた武田氏よりも平氏軍に近いところまで進んでいたことになって、戦略上辻褄があわない陣形となってしまうのである。

このように、『吾妻鏡』の富士川合戦に関する記述には不整合な部分が多く、頼朝が富士郡の賀嶋に陣を移したということもそのまま信用することができないのである。

そこで文学作品から、頼朝の陣と水鳥の位置について検討を加えてみよう。それを整理したのが表2である。

このように、文学作品を調べた限りでは、頼朝が黄瀬川まで来たことは確認できるが、それを越えて富士川東岸まで陣を進めたことを確認できないし、なにより水鳥が飛び立った場所が全ての史料とも富士沼であったことを考えると、頼朝がそれを通り越して賀嶋まで出張っていることは到底承伏できない。私は、頼朝が黄瀬川に陣を張ったことは間違いないとしても、『吾妻鏡』のように富士川東岸の賀嶋まで軍を進めたということはなかったと考える。

では、史料7の『吾妻鏡』の記事はどのように考えてたらよいであろうか。私は二つの理由があると推測する。まず、第一はこの頼朝の賀嶋進軍の次に記されている記事との関連である。その記事とは、これも富士川の合戦に関するエピソードとして著名であるが、頼朝が敗走する平氏軍を追って上洛しようとしたところ、千葉常胤・三浦義澄・上総介広常らが「まず『東夷』（常陸の佐竹一族）を平らげてから『関西』へ到るべし」と諫めたため、頼朝は黄瀬川宿へ「遷宿」したという記事である(12)。これは出来過ぎた話であるだけでなく、他の文学作品などでは確認できないから、これは、千葉・三浦・上総ら東国の有力御家人の気質を物語るエピソードとして挿入されたものではないかと考える。そしてこの記事は、「遷宿」という言葉が示すように、逆に頼朝と黄瀬川宿との関係の深さを物語っているように思う。

第二は、突然「賀嶋」という地名が出てきたこととの関連である。実は、この日の記事のはもう一つ富士川東岸の地名が出てきていた。〔史料7〕に戻ってみると、その末尾に「鮫嶋」という地名があるのがわかる。これも富士川東岸の賀嶋に近い地名であった。「中略」した部分があるので、関連がつかめないかもしれないので、その部分を復元して摘記すると次のようである(13)。

　于時飯田五郎家義・同子息太郎等渡河追奔平氏従軍之間、伊勢国住人伊藤武者次郎返合相戦、飯田太郎忽被討取、家義又討伊藤云々、印東次郎常義者、於鮫嶋被誅云々、

飯田五郎の記事はそれなりにわかるとしても、「印

表2　頼朝の陣と水鳥の位置

作品	頼朝の陣	水鳥の位置	出典
平家物語	駿河国きせ河にこそつき給う浮島か原にて勢そろえあり	富士の沼	日本古典文学大系
平治物語	駿河国黄瀬川に陣をとる	同右	同右
保暦間記	源氏ノ先陣木瀬川ノ宿ニオイタリ	同右	群書類従26
延慶本平家物語	足柄を越えて木瀬川に陣をとって兵数を注してけり	同右	古典研究会叢書

東次郎常義者、於鮫嶋被誅云々」という部分はどうみても唐突の感が免れない。なぜなら「印東次郎常義」はこの記事にしか登場しないし、彼が誅殺された記事がここに記される必然性もまたないからである。

では、この条に賀嶋・鮫嶋という富士川東岸の地名が突如出てきた理由はなんであろうか。実はこの二つの地名には関係があった。それは頼朝が挙兵したときに話が戻るが、その挙兵のとき頼朝に従った武士のほとんどは伊豆・相模両国の武士たちであったが、少ないながらも駿河国からも参加した武士がいたのである。それが賀嶋氏と鮫島氏であった(14)。鮫島氏は、挙兵後四日目に頼朝が遅参の三浦氏と会うため相模国土肥郷に向かったときの「扈従輩」のなかに、「鮫嶋四郎宗家　七郎武者宣親」とみえる(15)。私は、これは偶然ではないと思われる。挙兵時から付き従った数少ない駿河国御家人の名乗りの地を記し、その名誉を表すには、この箇所が一番適当だったのである。

二つの理由ともまったく推測の域をでないが、私は〔史料7〕の記述には納得できない内容が多すぎるように思う。「水鳥の羽音」の話はともかくも、頼朝の賀嶋出陣と印東常義の鮫嶋誅殺とは、『吾妻鏡』編纂時の挿入ではないかと思う。

さて、やや我田引水的な検討に終始してしまったが、以上のことから、私は、その初期において頼朝は黄瀬川を越えることはなかったと考えている。では、その理由はなんであろうか。私はその理由が当該期の頼朝の政治的な位置にあると思う。その点について節を改めて考えてみたい。

四　頼朝の政治的位置と木瀬川の境界性

平治の乱で破れた源頼朝は平氏に捕らえられ斬首されるところを、「池殿のやうやうに御申有ければ、なだめられ、伊豆国へぞながされける」と『平治物語』にあるように、[16] 池禅尼の助命嘆願によって死罪一等を減ぜられて流罪となったというのが定説であるが、しかし、ここで注目しなければならないのは、嵯峨天皇以来「死刑の公的執行の停止状態」が続いていたという事実である。[17] 摂関時代から鎌倉時代にかけての法体系の研究をしている上杉和彦氏も、利光三津夫氏らの成果を受け継ぎながら「流刑もしくは流罪が、公権力の執行する刑罰の中の極刑の位置に置かれるようになり、概括的に述べれば、重罪に対し流罪、軽罪に対し禁獄（拘禁刑）という量刑体系が（中略）朝廷の刑罰体系に定着する」と評価している。[18]

一・二事例を紹介すると、まず『保元物語』には、崇徳上皇側の武将を処罰するにあたって、右大臣源雅定や内大臣実能らは、

吾朝ニハ、昔、嵯峨天皇御時、右衛門督仲成ガ被誅テヨリ以来、「死者二度生不被返。不便ノ事也」トテ議定有テ、死罪ヲ被止テ、年久シ。

という状況なので遠流にするべきであると考えたが、少納言藤原信西が「多ノ謀反ノ輩ヲ、国々へ遣サレバ、僻事出来リ、定世乱候ナンズ。只切セ給へ」と主張したため「皆被切」ることになった。[19] しかし、それに続く「人々傾申ケレ共不叶」という一文に、当時の朝廷において「死罪を行わない」という伝統が強く意識されていたことがわかる。

この意識は『平治物語』により鮮明に現れている。[20]「経宗・惟方遠流に処せらるる事、同じく召し返さるる事」には、法性寺大殿（藤原忠通）の言葉として次のような文章を載せている。

嵯峨天皇の御宇、左衛門督仲成が誅せられてより以来、死罪とゞめられて年久しかりしを、保元の乱に、少納言入道信西ほどの才人が、誤て死罪を申行ひ、中二年有ツて、去年の逆乱は起れり。死罪を行へば兵乱のたえぬことわざ、忽にあらはれて候。公卿の頸を左右なくきられん事、いかゞ候べからん。「遠流は二度帰る事なし、死

罪に同ず」とうけたまはる。

「去年の逆乱」＝平治の乱の原因が、保元の乱で信西が死罪を実行したためであるというのである。「死罪を行へば兵乱のたえぬことわざ」があったか否かは不明だが、王朝権力において死罪がいかに忌避されていたかは明らかである。そして、死罪を執行しない背景に「遠流は二度帰る事なし、死罪に同ず」という認識があったことは注目される。

この認識は物語だけでなく、実際の貴族社会にも明確に存在した。日吉神社の宮主を殺害した佐々木定綱ら一党の処罰をめぐって出された建久二年四月二八日付けの「院宣」には、「凡於件刑法（死罪―木村注）者、嵯峨天皇以来停止之後、多経年代」という文言とともに、

遠流之罪不再帰、禁固之法満徒年者、雖非死罪、更無勝劣歟。仍以遠流比死罪、以禁固代斬刑、

とも記されていた[21]。忠通の考え方とまったく一緒である。上杉氏が「重罪に対し流罪、軽罪に対し禁獄（拘禁刑）という量刑体系が（中略）朝廷の刑罰体系に定着する」といったのはこのことであった。

以上、平安時代末期においても鎌倉時代初期においても、王朝権力・貴族社会では死罪の公的執行が停止されていた、というより忌避されていたことは明らかである。

とすると、頼朝の流罪は、池禅尼の嘆願があったか否かは別としても、当時の貴族社会における刑罰体系のなかでは「極刑」であったことになる。「死罪一等を減じられて流罪になった」という評価と「王朝権力の法体系の中で極刑に位置する流罪に処せられた」というのでは、当時の頼朝の政治的性格が異なるのではないだろうか。

京都の公卿層に頼朝挙兵の第一報が入ったのは九月三・四日のことであるが、そのとき九条兼実が「伝聞、謀叛賊義朝子、年来在配所伊豆国」と記しているように[22]、頼朝は「配所」に居るべき流人であった。実際、早速同月五日には「被下東国追討使宣旨」が東海道諸国へ出されているが、その事書きには

応追討伊豆国流人源頼朝并与力輩事

とあったし、『山槐記』の筆者中山忠親も「伊豆国流人兵衛佐企謀叛合戦事」と記しているように[24]、京都の王朝権力にとってなによりも頼朝は「伊豆国流人」であったのである。[23]

その上、『延喜式』に明記されているように[25]、伊豆国は安房・常陸・佐渡・隠岐・土佐らの国とともに「遠流」の地であった。すなわち、頼朝は流罪という極刑のなかでも一番罪の重い遠流であったのである。兼実は頼朝の「謀叛」を「宛も将門の如し」といっているが、国家的な刑罰の極刑である「流罪」に処せられた「流人」の謀反という点では将門以上の政治的意味があったというべきであろう。

私は、頼朝が挙兵するときの政治的な位置は上記のようなものでなかったか、と考える。単なる「謀叛」人ではなかった。当時の公的な刑罰体系において極刑であった伊豆国への「遠流」に処された罪人の「謀叛」であったのである。頼朝挙兵の第一報を聞いた九条兼実や中山忠親が上記のような反応をしたのも当然のことであったのである。

それに加えて考えておかなければならないことは、当時の貴族層のなかに坂東に対する蔑視観のようなものが存在したことである。川尻秋生氏らの研究によれば、平将門の乱・平忠常の乱を経過した後、貴族層のなかで坂東は「亡弊国」であるという認識が成立してくるという[26]。たとえば、『小右記』寛弘二年（一〇〇五）一二月二一日条には

仍配宛国々多以不足、至坂東已亡弊国、不可敢宛者

と記されていた。これは造内裏役の賦課に関する史料であるが、そのとき「国宛すべき国々は不足しているけれども、坂東はすでに『亡弊の国』なので敢えて宛てるべきではない」という判断が下されたことがわかる。実際に「亡弊の国」であったか否かということとともに、「亡弊の国」であると主張することが国役免除の根拠になる側面もあったことを考慮しなければならないとしても、坂東＝亡弊国という認識が成立したことは注目してよい。それは同じく、『小

右記』治安三年（一〇二三）一二月二三日条に、

子刻許、丹波守資業中門（御カ）門宅焼亡、騎兵十余人来放火、宅人相挑、而群盗力強所為云々、国司在国云々、任修（終カ）之務苛酷無極云々、州民之愁多、結凶党之類成犯歟、抑洛中不異坂東、朝憲誰人憑之哉、仏（仁）王経所説毫敵（釐カ）無相違歟、

（後略）

とあることによっても確認できる。これによると、丹波守藤原資業の邸宅が騎兵によって焼亡させられた。それは資業が任期の終わりにあたって、官物などの取り立てを苛酷に行ったため、丹波国の人々が徒党を組み襲撃したらしいということであった。そのとき、筆者の藤原実資が「そもそも洛中、坂東に異ならず」と感想を記していることが注目される。坂東は治安の悪い、「朝憲」の行き届かない地域であるという認識があったのである。

私は、挙兵時の頼朝の政治的位置を考えるためには、以上のように頼朝が遠流の罪人であったことと、貴族層の坂東に対する蔑視観とを合わせて考えなければならないと思う。改めていうまでもなく、頼朝が流された国は遠流の地伊豆国であった。そして、その伊豆国はその北側に足柄関が所在したように、坂東との境界の国でもあったのである。さらに重要なのは、第一節で検討した木瀬川はその足柄山に端を発して相模・伊豆両国と駿河国との国境を流れる河川であったことである。木瀬川は坂東との境界を表現する河川だったのではないだろうか。

木瀬川ないし黄瀬川の境界性を示す史料は若干ながら存在する。それは、建久元年（一一九〇）の最初の上洛の帰途、頼朝はここで「御馬乗替」を行っていることである(27)。単に乗馬を乗り替えただけに過ぎないとも理解できるが、上洛の帰路においてこのような記事があるのは黄瀬川宿だけであるし、大村拓生氏の研究を参考にするならば(28)、院政期の貴族らが洛中と洛外とを出入するとき、九条口（九条河原付近）や「西七条辺」などで馬を替えることを「乗替」といったという。『吾妻鏡』編纂時の認識が入っている可能性もあるが、「馬を乗り替える」という頼朝の行為のなか

に、頼朝ないし頼朝権力の側が自らの直接的な支配領域に出入りする境界として木瀬川を意識していたと考えることが可能ではないだろうか。前述の京の貴族からみた「亡弊の国」坂東との境界としての木瀬川ではなく、頼朝政権の側からみた自分たちの支配領域の境界としての認識である。

これは直接木瀬川に関係するものではないが、『裾野市史』は「処刑の場としての足柄峠」という項目を立て、承久の乱後、中納言藤原光親が鎌倉へ護送される途中の篭坂峠（小山町）で斬首されたこと、同じく中納言藤原宗行も藍沢原で処刑され、宰相中将藤原範茂も足柄峠を越えた関本で処刑されていることなどを例示しながら、彼らがいずれも関東に護送される途中の「関東との境」で処刑されてことに着目して、次のように述べているのは注目される。(29)

このことは、この地域が鎌倉への出入り口という交通の要所であったという地理的な要因とともに、将軍のいる鎌倉やその支配領域である関東で処刑することを忌み嫌ったということがあったのではないだろうか。

篭坂峠にしろ藍沢原にしろ木瀬川の流域であり、関本も足柄峠周辺と考えれば広い意味で木瀬川の境界性に含めることが可能であろう。この場合は承久の乱のことであり、先の「乗替」の例も頼朝の権力が確立した建久元年のことであるが、前に紹介した他の事例から判断して、足柄峠から木瀬川にかけての領域が初期頼朝権力の時期から境界性を付与された地域であったということができると考える。その意味でいえば、一節で紹介した九条兼実が木瀬川を「伊豆と駿河の間」と認識していたのも、坂東との境界性を強く意識していたからだと考えられなくもない。

時代を少々降りすぎたが、挙兵時の頼朝が木瀬川を越えられなかった要因として、木瀬川のもっていた以上のような境界性を指摘することができるように思う。もちろん、支配領域への出入り口＝境界としての認識はこの段階ではなかったが、挙兵後の頼朝にとって木瀬川は、遠流の地伊豆国という特殊性と「亡弊の国」坂東との境界であるという二重性を表現するものであったのである。

河内祥輔氏は頼朝の「京攻めの条件」を詳細に検討し、彼が三年余もの準備期間が必要であった理由として、王城の地である京を攻撃するという歴史上の経験がこれまで皆無であったこと、そして朝廷を守るための京攻めであるという意識を作りあげ、さらに朝廷との間でもそのような了解を成立させるために時間が必要であったことの二つをあげているが、正鵠を射ている指摘といえよう。(30) 私は、この見解に付け加えて、上述のように彼が遠流の地伊豆国へ流された極刑の罪人であり、その流刑の地が「亡弊の国」坂東との境界の地であったこと、そして木瀬川・黄瀬川が持っていた上記のような境界性をあげたいと思う。これらこそ頼朝が何度も兵を進めながらも木瀬川を越えられなかった要因であった。

五　むすびにかえて

以上、「木瀬川と頼朝」との関係から話が大きくなりすぎた感も否めないが、挙兵時の頼朝の政治的位置に迫ってみた。その出発は頼朝は木瀬川をなぜ越えないのかという単純な疑問と、頼朝の遠流刑は「死罪一等を減じた」というようなものではなく、当時の王朝権力の公的な法体系のなかでは「極刑」に位置するものであったこと、この二つの要素を関連させて理解しようとするところに意図があった。結論的にはこれまでの評価にどれほどのものを付け加えることができたか心許ないが、黄瀬川宿の構造および木瀬川の境界性を論じながら、初期頼朝政権の特殊な性格について私なりの見解を提起できたと考えている。

頼朝の京攻め＝上洛に関しては河内氏の仕事以上の評価はできなかったが、河内氏も詳細に検討しているように、挙兵後の頼朝は「京攻めの条件」を作りあげることに必死であった。それはいままでの諸研究が指摘しているように、いかにして謀反人の権力から朝廷に認知された権力へ転化させるか、という点に眼目があったことは間違いないし、そのために頼朝は執拗な朝廷工作を繰り返したのであった。

しかし、本論との関連でいえば、挙兵後の頼朝が第一の課題としたのは「流人」という地位をいかにして脱却するかにあったように思う。頼朝がこの課題をどのようにして実現したかについては今後の課題とせざるを得ないが、ただ見通しだけを述べると、これも河内氏が注目しているが、治承六年（一一八二）二月の伊勢神宮への告文が重要だと思われる。[31] もちろん、告文だけで「流人」という地位を脱却できたわけではないが、そこでは、平治の乱における「咎過」が自分にはないことを主張するとともに、自分の「遠祖」を神武天皇から説き起こし、五六代「清和天皇乃第三乃孫与利、携武芸天護国家利、居衛官天、耀朝威須」とその血筋の正統性を主張している。この主張は、頼朝が「流人」ではないことを宣言するためであった。そして、「東州御領」＝関東の伊勢神宮領の領有を保証した上で、次のように告文を結んでいる。

> 皇太神此の状を照納せしめて、上《か》み政王より始め、下《し》も百司民庶に迄《いた》るまで、安穏泰平に恵護を施さしめて、頼朝が伴類に臻《いた》るまで、夜の守りに日の守りに護幸え給えと恐て恐ても申して申さく。

皇太神の「恵護」は上は「政王」から下は「百司民庶」に至るまで施されるだけでなく、「頼朝が伴類」に至るまで施してほしいというのであるから、頼朝とその家来＝御家人も皇太神の「恵護」を受ける存在、すなわち「政王」から「百司民庶」までのなかに含まれる罪のない普通の人々であることを主張するものであった。この二つの主張こそ頼朝の「流人」という地位を消滅させる上で大きな役割を果たしたといえよう。

このような経過を経て、頼朝は翌年のいわゆる「寿永二年一〇月宣旨」によって、朝廷から認知された権力として正式に登場してくるのであるが、その詳細は本稿の課題を超えている。

注

(1) 『吾妻鏡』治承四年八月一七日条。
(2) 『吾妻鏡』建久四年五月一五日条。
(3) 『吾妻鏡』建久年五月二八日条。
(4) 『吾妻鏡』治承四年一〇月一八日条。
(5) 『吾妻鏡』治承四年八月二八日条、建保三年四月二五日大岡牧年貢布送進状(高山寺文書)など。
(6) 拙稿「建久六年頼朝上洛の政治史的意味」(『鎌倉遺文研究』第九号、二〇〇二年、本書第七章)参照のこと。
(7) 「続国史大系」巻五附録。
(8) 二〇〇〇年。
(9) 佐藤進一『増訂鎌倉幕府守護制度の研究』(東京大学出版会、一九七一年)。
(10) 「続群書類従」第一八輯下、日記部。
(11) 後掲の表に用いた文学作品の注などを参照のこと。
(12) 『吾妻鏡』治承四年一〇月二一日条。
(13) 『吾妻鏡』治承四年一〇月二〇日条。
(14) 『静岡県史　通史編2　中世』(一九九七年)二九頁参照。
(15) 『吾妻鏡』治承四年八月二〇日条。
(16) 下巻「頼朝遠流の事付盛康夢合せの事」(「新日本古典文学大系」岩波書店)。源頼朝の流罪と池禅尼との関係については、保立道久氏が新たな議論を展開しているので参照願いたい(『義経の登場』日本放送文化協会、二〇〇四年)。
(17) 利光三津夫「嵯峨朝における死刑停止について」(同『律の研究』明治書院、一九六一年、所収。なお同「流罪考」(同『律令制の研究』慶応通信、一九八一年、所収)も参照のこと。
(18) 上杉和彦「中世成立期刑罰論ノート」(同『日本中世法体系成立史論』校倉書房、一九九六年、所収)。

(19) 下巻、「忠正・家弘等誅セラルル事」(「新日本古典文学大系」岩波書店)。
(20) 注16に同じ。
(21) 『吾妻鏡』建久二年五月八日条。
(22) 『玉葉』治承四年九月三日条。
(23) 『山槐記』治承四年九月五日条、『玉葉』同年九月一一日条。
(24) 『山槐記』治承四年九月七日条。
(25) 『延喜式』巻二九　刑部省　遠近条。
(26) 川尻秋生「平安貴族からみた坂東」(『日本歴史』第六三五号、二〇〇一年)、加藤友康「平安貴族の『坂東』像」(『日本歴史』第六〇〇号、一九九八年)など。
(27) 『吾妻鏡』建久元年一二月二六日条。
(28) 大村拓生「中世前期における路と京」(初出一九九〇年、「儀式路の変遷と都市空間」と改題・改稿して同『中世京都首都論』吉川弘文館、二〇〇六年に所収)。
(29) 『裾野市史　第八巻　通史編Ⅰ』第一章第二節「足柄路を往来する人々」。
(30) 河内『頼朝の時代』(平凡社、一九九〇年)。
(31) 『吾妻鏡』寿永元年二月八日条。

第五章　鎌倉殿御使の政治史的位置

一　はじめに

治承四年（一一八〇）の源頼朝の挙兵にはじまる戦争、いわゆる治承・寿永の内乱に関する研究は膨大な研究史をもっているが、その多くは鎌倉幕府成立史になってしまっており、内乱としての政治史的分析は十分なされてこなかったのではないだろうか。挙兵→寿永二年一〇月宣旨→守護地頭の設置→征夷大将軍就任、と至る過程は歴史的な事実であるが、しかし、この結果は当然のことながらはじめから予定されていたものではない。院＝朝廷、平氏、源氏の三極、それに源義仲を加えたら四極、の複雑な政治的対抗関係の結果として招来されたものである。

いま私が改めていうまでもなく、上記のような対抗関係の過程として理解して行われた研究も多々あるが、三極にしろ四極にしろ、それぞれの勢力内部での対抗関係までも視野にいれた分析はほとんどなかったといってよいであろう。強いてあげるとすれば、後白河院を介在させた頼朝と義経の不和や、朝廷内部における藤原兼実の位置に関するものくらいであろうか。しかし、これらも幕府成立史の一齣として扱われてきたにすぎない。

このような研究状況に対して、新たな問題を提起したのが大山喬平氏の「文治の国地頭」に関する一連の研究である。(1) とくに「文治の国地頭をめぐる源頼朝と北条時政の相克」(2) は、国地頭研究に限定しながらも、次のようにそれまでの研究を批判する。

反省すべき点は、国地頭政策の推進主体、あるいは政策をめぐる政権内部の対抗関係にほとんど注意がはらわれていないことではなかろうか。一つの政策について、政権内部に対抗関係が存在しなかったかのように最初からきめてかかることはまちがいである。

この文章は、最初の「国地頭政策」の部分の「国地頭」の語句を取れば、内乱期の政治史分析全般に通用する視点であると評価することができるであろう。(3)

とくに、院＝朝廷、平氏、義仲が内乱期の政治の中心舞台である京都にいて、または入ってきて、直接合戦やかけひきを演じたのに対して、頼朝勢力の場合は、頼朝が一貫して鎌倉を離れなかったが故に、権力すなわち政策の立案主体は鎌倉に、そしてそれを実行する実践部隊は京都・近国に派遣されているという二重構造を取らざるを得なかった。

当然のことであるが、近代のようなリアル・タイムの情報伝達が成立していない当時においては、実践部隊と政策立案主体＝頼朝との間で意見や情報の交換がそれほどスムーズに行われたとは考えられない。まして実践部隊は、内乱のなかで戦いながら、その場その場でより適合的な占領政策を取らなければならなかったのであるから一層である。したがって、頼朝の「御代官」として派遣された実践部隊を、頼朝の「耳目」であると高く評価し、さも頼朝の政策が彼らを通じて的確に実践されていったかのごとく考えることはもはや許されないであろう。

ところで、この時期に頼朝の「耳目」として派遣された代官は多数に及ぶが、なかでも有名なのは平氏追討の主役を演じた弟範頼・義経であり、畿内近国の支配を担当した梶原景時・土肥実平・大内惟義らの有力御家人、さらに院・

朝廷との交渉に活躍した文官の中原（藤原）親能らであろう。彼らの活動についてはすでに研究がなされており、それなりに彼らの性格や任務が解明されてきているが、本章で、初期の頼朝政権の畿内近国における実践部隊として注目したいのは、彼ら「代官」ではなく、「鎌倉殿御使」と称された中原久経・近藤国平である。彼らは、後に詳述するように、畿内近国からさらに九州にまで派遣されており、まさに頼朝の御使として内乱のなかで活躍した実践部隊であった。彼らの行動と役割について考えることによって、内乱初期の鎌倉政権の状況の分析を試みたい。

さて、この鎌倉殿御使については鎌倉幕府の初期政治史の一環として取り上げられることはあったが、(4) そのものを真正面から取りあげたのは田中稔氏の「『鎌倉殿御使』考」が最初であった。(5)

田中氏はこの論文のなかで、『吾妻鏡』のなかの御使関連史料や『平安遺文』所収の数通の「鎌倉殿御使下文」などを紹介し、御使の活動と任務について詳細に分析している。御使の実態についてはほとんど付け加えるべき点はみあたらないが、氏以前の研究である友田吉之助氏や安田元久氏の研究の論点に引かれたためであろうか、(6) 地頭の設置範囲との関連で御使の管掌範囲（一一カ国）の確定に分析の多くがあてられており、御使そのものの政治史的分析は十分になされているとはいえない。とくになぜ「鎌倉殿御使下文」のような文書が発給されなければならなかったのかについてはまったく触れられていない。田中氏の成果を受けて、上横手雅敬氏も御使について言及を加えているが、(7) 視点としては田中氏と同様である。

それに対して、鎌倉政権の京都支配との関係で御使を論じたのが松井茂氏の「鎌倉幕府初期の権力編成」である。(8) 氏の仕事は、その副題「源義経の地位と役割を中心に」が示すように、義経の活動を中心にしながらも、頼朝の「代官」と呼ばれた人々の任務の違いやその変更を内乱という過程のなかで分析しようとしていることに特徴がある。とくに、京都支配における義経と中原親能との任務の分掌関係を論じられたことは、非常に参考となった。しかし、御使は親能の任務との関連で言及されている側面が強く、独自の分析はなされているとはいえない。

このように、鎌倉殿御使は、内乱初期において重要な役割を果たしていたことは知られながらも、地頭論に収斂されたり、京都支配の一場面として分析されてしまい、彼らが初期頼朝政権のなかで果たした独自の任務が十分解明されているとはいえないと思うのである。

本章では、以上のような研究史を踏まえ、原点に立ち帰って、なぜ「代官」ではなく「御使」が派遣されたのか、という点に焦点をあてながら、鎌倉殿御使の政治史的役割について考えることにしたい。

二 鎌倉殿御使と鎌倉殿御使下文

1 鎌倉殿御使について

本節では、田中氏の成果に拠りながら、御使と御使下文に関する基礎的な事実の確認をしておきたい。

鎌倉殿御使とは前述のように、中原久経と近藤国平の二人のことであるが、彼らの人物と任務については、彼らの派遣について記している『吾妻鏡』元暦二年（一一八五）二月五日条に詳しい。少々長くなるが基本史料となるので引用しよう。

五日己未、典膳大夫中原久経・近藤七国平為使節上洛、先々雖為使節、他人相替、今度治定云々、①是追討平氏之間、寄事於兵粮、散在
武士於畿内近国所々、致狼藉之由、有諸人之愁緒、仍雖不被相待平家滅亡、且為被停止彼狼唳、所被差遣也、②
先相鎮中国近辺之十一ケ国、次可至九国・四国、③悉以経奏聞、可随　院宣、此一事之外、不可交私之沙汰之由、
被定仰云々、④今両人雖非指大名、久経者故左典厩御時殊有功、又携文筆云々、国平者勇士也、有廉直誉之間、

如此云々、依仰各可致憲法沙汰之趣、進起請文云々、

まず人物についてであるが、傍線④にあるように、両人とも「指したる大名」＝有力な御家人ではないが、久経は「文筆に携わる」文官であり、国平は「勇者」であり「廉直の誉れ」があるので任命されたという。説明はその通りであろう。しかしすぐに、なぜ「指したる大名」でない文官と武者（以下、「武士」と称す）が選ばれたのか、という疑問が生じる。さきに紹介した代官が有力御家人ばかりであったこととは大違いであるし、わざわざ「指したる大名にあらず」という説明を付け加えなければならなかった意味も気になる。

次に任務であるが、それは傍線①から明かなように、畿内近国に散在している武士が、兵粮米徴収に事を寄せて「狼唳」しているので、それを停止するためだという。これも当時の政治情勢を考えれば当然の処置のように思えるが、しかし視点を変えれば、すでに派遣されていた代官がなぜ停止できないのであろうか、という疑問が湧く。この点について田中氏は、御使の任命が二月五日で、義経の平氏追討のため西海へ向けての京都出発が二月一六日以前であることから、「久経等の上洛は義経の後を受けて京都周辺を固めるためであったとして誤りなかろう」と説明している。時間的な一致などからその可能性もないわけではないが、前述のように、なぜ代官級の武士ではなく「指したる大名」でない武士が選ばれたのか、という点や、なによりも、その任務の遂行にあたっては「悉く奏聞を経、院宣に従」い、「私の沙汰」を交えてはならないことが厳命されている（傍線③）ことの意味などにはまったく留意されていない。

私は、義経に代わる任務か否かは別にして、「平家滅亡を相待」ざるという状況であるにもかかわらず、「指したる大名」でない武士を派遣していること、そして、鎌倉殿御使であるにもかかわらず「院宣に拠れ」と命じられている点にこそ御使の本質があるように思う。これらの問題点は、御使の性格の本質に関わる論点でもあるので、以下の節で改めて検討することにしたい。

次に彼らの任務の範囲であるが、傍線④に拠れば、「中国近辺十一ケ国」が初期の対象であり、そこを鎮めた後「九州・四国」にも赴くように命じられている。この「中国近辺」とは田中氏の検討の通り「京都に近い国の意味」であろう。ただここで問題なのは、次の「十一ケ国」という規定が最初からあったか否かである。また田中氏も言及されているように、「九州・四国」への派遣も当初の時点から決定されていたとすることにも疑問がある。ここでは、これら任務の範囲について若干検討を加えておくことにしたい。

まず「中国近辺十一ケ国」についてであるが、『吾妻鏡』のその他の御使関連史料をみる限り、この史料以外では、御使の当初の活躍の範囲は「畿内近国」[9]、「畿内」[10]などとあるだけで、「十一ケ国」の規定はみえない。また、「九国・四国」についても、『吾妻鏡』元暦二年七月一二日条や同八月一三日条によれば、御使の派遣先は「鎮西」と書かれているだけであるし、御使の鎮西派遣を伝えた元暦二年七月二八日付の院庁下文の宛所も、

太宰府并管内諸国在庁官人等

とあるだけで、下文本文にも「四国」についてはなんら触れていないのである。

これらから判明する御使の行動は、元暦二年二月初旬に「畿内近国」に派遣されたこと、畿内近国の鎮静化がある程度実現した同年七月末に、改めて「鎮西」に向けて派遣されたことまでであって、それ以上の行動は確認できない。したがって、御使の鎮西派遣も当初から決められたものではない、という田中氏の想定は正しいと考える。

にもかかわらず、彼らの畿内・近国支配の範囲を「十一ケ国」と限定し、さらに派遣先に「鎮西」だけでなく「四国」を加えた史料が突然出てくるのである。それは文治元年（一一八五）一二月六日付けのかの有名な藤原兼実宛の「頼朝書状」である[11]。そこには次のように記されている。

先不待平家追討之左右、為停近国十一ヶ国武士之狼藉、差上二人使久経国平、猶私下知依有恐、一々賜　院宣可成敗

之由、仰含候畢、仍彼国狼藉、大略令沙汰鎮候之後、依別仰、重又件使者男被下遣鎮西四国候、已賜　院宣令進発候畢、

この「頼朝書状」は『玉葉』文治元年一一月二六日条にも引用されているから、この時点で、御使の近国支配の範囲が「十一ヶ国」であったという認識が成立しており、その後の派遣先に「鎮西」に加えて「四国」が入れられたことはまちがいないであろう。

では、派遣後一〇カ月にもなって、畿内近国の支配範囲が突然「十一ヶ国」であると規定されたり、鎮西派遣が決められた四ケ月後になって四国が加えられることになった理由はどこにあるのであろうか。それは、その書状の御使派遣の内容に続いて、

如近国沙汰、任　院宣、可鎮旁狼藉之由、兼令存知候之処、不審次第出来候、以義経補九国地頭、以行家被補四国地頭候之条、前後之間、事与意相違、

と記されていることが関連すると考えられる。すなわち、頼朝は「畿内近国のように御使を派遣して、院宣に任せて(鎮西・四国の)狼藉を鎮めようとしていたのに、義経を九州の地頭に、行家を四国の地頭に任命したのはどういうわけか」と、義経・行家の九国・四国地頭任命を強く詰問しているのである。このとき、以前の方針どおりに、御使の派遣先が「鎮西」だけであったら、その詰問の勢いは弱いものとならざるを得ない。彼らの地頭職任命に対応するように、鎮西も「四国」も入っていなければならなかったのである。それによって頼朝の抗議の意志が強く表現されることになった。書状の全体的な文面から考えて、突如四国が加えられた要因を、反旗をひるがえした義経・行家の行動に対抗するためであったと考えたいと思う。

このように理解することが可能であれば、文治元年一一月の時点で、「近国十一ヶ国」という規定が現れてきたのも、

ろう。しかし、それはあくまでも反映、というよりは反旗をひるがえした義経との対抗上、その支配の範囲を明記した可能性が高いのであって、元暦二年二月の御使派遣の段階で、義経の京都・近国支配権を御使が継授することになっていたことを意味するものでないことについて後の分析で明らかにしたい。

以上のように、『吾妻鏡』元暦二年二月五日条に記された御使の任務の範囲については、十分信用することはできないと思われる。この記事は文治元年一二月の頼朝書状に基づいて書かれた可能性が高いのではないだろうか。御使の当初の任務範囲は「畿内近国」であったのであり、「十一ケ国」という限定や「九州・四国」までも含むという規定はなかったと考えられる。したがって、義経と御使との任務の相違を確定することなく、御使の管掌領域が当初から一一ケ国であったと想定し、それと義経の畿内近国支配の領域とを単純に比較することには慎重でありたいと思う。

2 「鎌倉殿御使下文」について

現在『平安遺文』に所収されている「鎌倉殿御使下文」は、後で紹介するように三通存在する。といっても、『平安遺文』編者の竹内理三氏は「関東下知状」という文書名を付しており、「鎌倉殿御使下文」と呼んだのは田中氏である。その田中氏も注目しているように、「鎌倉殿御使」と名乗ってはいないが、彼らの発給であると判断できる文書が他に二通あるから、それらも含め、五通の「鎌倉殿御使下文」を紹介し、それらの特徴を確認しておくことにしたい。

A 下 近江国金勝寺所司荘官等

可早任院宣状、停止村上蔵人無道并武士狼藉事

右、（略）、早可停止彼狼藉并武士狼藉之状、依院宣、下知如件、

元暦二年四月廿四日　　藤原（花押）

中原（花押）(12)

B

鎌倉殿御使下　賀茂別雷社御領丹波国□

可早任　院宣并鎌倉殿御下文状、停止氏人久平相語武士玉井次郎横致濫妨不当事

右、（略）、早可停止彼濫妨之状、依　院宣并鎌倉殿仰、下知如件、

元暦二年四月廿八日　　藤原（花押）

中原（花押）(13)

C

鎌倉殿御使下　山城国泉木津御庄官等、

可早任　院宣并鎌倉殿御下知、停止武士梶原平三濫妨事

右、（略）、而梶原平三景時、不帯指　院宣并長者宣、又不蒙鎌倉殿御下知、任自由令押領之旨有其訴、（略）、

早令停止彼濫妨、可為本家御進止之状、下知如件、故下、

元暦二年五月一日　　藤原（花押）

中原（花押）(14)

D

（下脱カ）近江国金勝寺所司等

可早任院宣并鎌倉殿御下知、永停止村上蔵人以無道致濫妨事

右、（略）、村上蔵人不帯指院宣、不蒙鎌倉殿御下知、任自由恣致押領之旨、有其訴、（略）、早可停止彼濫妨之状、

依院宣并鎌倉殿仰、下知如件、

元暦二年五月六日

平義包（花押）

源吉基（花押）[15]

E　鎌倉殿御使下　紀伊国名草郡内栗栖庄公文田堵等所

可早任院宣并鎌倉殿御下知旨、如本付粉河寺沙汰事、

右、（略）、早於自今以後者、為本寺領可令勤御年貢以下雑事之状、下知如件、故下、

元暦二年七月一日

藤　原在判

中　原在判[16]

文書形式からもわかるとおり、田中氏が「鎌倉殿御使下文」と読んだのはB・C・Eの三通であり、その文言や内容から「御使下文」と考えてよいとしたのがAとDである。妥当な見解であると考える。そこで、この五通の特徴を検討してみると次のような特徴が指摘できる。

まず第一は、御使下文の関与している地域が近江国・丹波国・山城国・紀伊国の四カ国であることである。これは1で確認した御使の活動範囲が「畿内近国」であったことと一致しよう。

第二は、「院宣」が非常に強調されていることである。Aは「院宣」だけであるし、他の四通もすべて「院宣」と「鎌倉殿御下知」が併用されており、「鎌倉殿」御使であるにもかかわらず、「鎌倉殿御下知」のみに基づいて判断している例はないのである。これも1で『吾妻鏡』の記事をもとに確認したこととまったく一致しよう。彼らの性格の重要な特徴点であるといえる。

第三は、前述したが、B・C・EとA・Dとの違いに明確なように、文書形式が一定でないことである。文書の残存状況ともかかわるので、一概に決めつけてしまうことには注意しなければならないが、CとEのように「院宣」と「鎌倉殿御下知」が事書き部分にしか記されず、書き止め部分での繰り返しがなかったり、その書き止めにおいても、「下知如件」で完結しているもの（下知状形式）と、それに「故下」が加わった形式（下文形式）とが混在していることも、これを裏付けてくれるように思う。緊急に派遣された臨時的な職務であったためであろうか。

ところで、書き止めが「下知状形式」で終わっているものがあるということと、第二で指摘した「院宣并に鎌倉殿御下知（鎌倉殿仰）に任せて」という文言が必ず使用されていることとの関連には注目したい。なぜならこれら二つの特徴は、文書様式論的にみると完結してはいないが、「鎌倉殿」ないし将軍の意を受けて執権・連署がこれを奉じて発給した「関東下知状」に共通する性格があると評価することが可能であるからである。この点は、本章の結論にも関係することなので、御使の任務と性格について検討した後で、総合的に考えてみることにしたい。

3　小　括

以上、鎌倉殿御使と彼らが発給した「御使下文」を検討した結果、次のようにそれらの特徴をまとめることができよう。

第一に、頼朝の「御使」といいながらも、他の代官に比べると中原久経・近藤国平ともに身分はあまり高くなかったことである。そして第二に、その活動範囲も、「畿内近国」が中心であったのであり、当初から「十一カ国」などと確定されておらず、九州・四国への派遣も予定されていなかったことである。第三は、「院宣」の意を受けて行動することが厳命されており、実際に「院宣」と「鎌倉殿御下知」に基づいて「御使下文」が発給されていたことである。最後に、第三との関連から、「御使下文」は院ないし頼朝の意を受けた「奉書」としての性格を有していた点である。

繰り返しになるが、内乱という緊急の判断と強力な実行力が常に要求される状況にもかかわらず、身分もあまり高くなく、かつ上記のように限定された権限しかもたない御使が派遣された理由は何か。ここに御使派遣の政治史的意味があるように思う。

三 元暦年間の畿内近国支配

1 畿内近国支配の評価

元暦二年（一一八五）二月になって、突然畿内近国支配のために派遣されることになった鎌倉殿御使の派遣理由を考えるためには、何よりもまず、彼らが派遣される以前の畿内近国支配の実態を考えてみることが必要であろう。

当該期の畿内近国支配の中心として以前から注目されていたのは源義経であった。周知のように、義経は寿永二年（一一八三）冬に平氏を追討するために兄範頼とともに上洛した。そして播磨国一の谷の合戦で平氏を破ると範頼は一度鎌倉に帰るが、義経は京都に残り、畿内近国を支配することになった。有名な寿永三年二月付けの「頼朝書状」には、(17)

一　平家追討事

右、畿内近国、号源氏平氏携弓箭之輩并住人等、任義経之下知、可引率之由、可被仰下候、

とある。ここでは「平氏追討」との関係で畿内近国の武士や住人に対する支配（下知と引率）が指摘されているだけ

だが、後述のように義経は荘園領主からの訴訟に対しても裁許をしているから、広く畿内近国に対する支配権が認められていたと考えてよいであろう。

しかしこの時期、京都を含めた畿内近国の支配を担当していたのは義経だけではなかった。松井茂氏の指摘によれば、斎院次官といわれた中原親能もまたそれに関与していた。

とくに氏は、『玉葉』元暦元年正月二八日条の藤原隆職家中の追捕事件に関する記事や、親能の発給文書を検討して、当該期の親能の職務を次のようにまとめている。

① 追捕に関する訴訟を義経にとりつぎ、

② 公家の間で政治工作を行い、

③ 兵士・兵粮米に関する武士の狼藉を停止させ、

④ 所務に関する沙汰を行うこと、

そして、これらの職務は、「御家人の認定権や武力の行使権をもつ義経と、役割の分担を行っていた」と評価している。すなわち、畿内近国支配の武力的機能は義経が担い、所務沙汰的機能は親能が担っていたというのである。氏はこのように元暦元年の畿内近国支配の構造を規定した上で、さらに義経らが平氏追討のため四国に向かった後、親能の職務を継受したのが鎌倉殿御使である、とまで評価している。この点については後で検討することにして、ここでは畿内近国支配における中原親能の位置について検討しておくことにしたい。

2　中原親能の位置

さて中原親能は、前明法博士中原広季の子とも、広季の女が母であったので広季の養子となったともいわれる。出

表3 中原親能の行動

年月日	中原親能の行動	出典
寿永二・末	上洛	『吾妻鏡』
元暦元・二・一六	後白河法皇の使いとして鎌倉に下る	『玉葉』
〃 四・二九	頼朝の使いとして上洛	『吾妻鏡』
〃 一〇・六	公文所吉書初めに出席（この以前鎌倉に下向）	同右
元暦二・一・一六	範頼に従って豊後国に下向（この以前に上洛）	同右

表4 中原親能の発給文書

	年月日	文書名	『平安遺文』番号
①	元暦元・六・一九	斎院次官藤原親能下文案	四一八一号
②	〃・七・二四	一院御座作手等解案への外題	四一八五号
③	〃・七・二六	藤原親能書状	四一八六号
④	〃・八・二五	前斎院次官中原親能下文案	四二〇二号

自は確定できないが、京都と関係が深かったことは、彼が中納言源雅頼の家人になっており、彼の妻が雅頼の子兼忠の乳母を勤めていたことからも知られる[18]。彼と頼朝との関係についても定かではないが、『玉葉』寿永二年（一一八三）九月四日条に、彼が「頼朝と甚深の知音であり、当時同宿」しており、「十日余りのころ」「頼朝の使として、院に申すこと」があって上洛する、という記事が載せられているのが初見である。そして同年一一月には義経らに従って上洛したようで、同じく『玉葉』同年一二月一日条には「頼朝代官九郎并斎院次官親能等也」と記されている。

さて、このようにして上洛した親能であるが、松井氏のいうような職務をもち、義経と並んだ活躍をしたのであろうか。そこでまず上洛後の親能の行動を追って整理してみることにしたい（表3）。

一見して明らかなように、親能は約一年の間に三度も上洛と鎌倉下向を繰り返している。最初の京都滞在はわずか二カ月あまりである。このような状態で義経と並んで畿内近国支配を行えるのであろうか。というより、このような行動をとる親能に、頼朝が内乱状態のなかの畿内近国支配を任せたとは到底考えられないではないだろうか。

しかし、これも松井氏が検討しているが、親能の畿内近国支配に関係すると思われる発給文書が存在する。次にそれらの文書を検討してみよう（表4）。

現在のところ中原親能が元暦元年中に発給した文書は、紀伊国伝法院領の安堵に関するもの二通（表4―①④）、一院御座作手に関するもの二通（②③）の計四通が存在する[19]。早いものが六月一九日、遅いものが八月二五日であるから、先に親能の行動を示した表3によるならば、第二回目の上洛の時期に集中していることになる。

さて、伝法院領に関する二通はともに「斎院次官中原（藤原）下文案」という文書名をもつが、彼独自で発給したものではなく、前者（①）には、

院宣令下畢上、九郎御曹司文《亦カ》以被免除畢、

とあるし、後者（④）にも、

任院庁御下文并国司庁宣、

とあるように、院宣・国司庁宣や義経の下知に基づいて発給されていることがわかる。とくに後述するように、紀伊国に対する義経の権限は非常に強いものであったと考えられるから、伝法院領に関する二通の親能下文に現れた権限を、親能に与えられた独自な職務に基づくものとして評価することはできないように思う。

一方、一院御座作手に関する二通はどうであろうか。一通は、一院御座作手の「請被停止次官妨、備進御年貢藺田四段少事」という解状に与えた外題で（②）、次のように記されている。

為平家領之由有其聞、仍雖点定、依　院宣、免除了、不可有濫妨之状、如件、

また、もう一通の書状（③）は次のようである。

御座御作手解状事、早可令免除之由、下知候畢、近辺散在田地等、可尋沙汰之由、蒙鎌倉殿仰候之間、所令尋沙

汰也、恐々謹言、

二通の史料から明らかなように、これは京都市中の平家領の没官に関する問題である。親能にしてみれば、頼朝から「（平家領の）近辺散在田地等は、尋ね沙汰すべきである」という命令が下っていたので、「平家領という聞こえがあった」一院御座作手の「藺田四段少」を「点定」したのだ、ということになろう。しかし、御座作手の抗議を受けた後白河院の命令によって元のごとく免除した、というのが事の顛末である。この史料を読む限り、親能は京都市中の平家領を「尋沙汰」する権限があったようにみえるが、果たしてそうであろうか。

当該期の京都市中の平家没官領処分に関する記事としては、『吾妻鏡』元暦元年九月九日条の記事が有名である。そこには次のように記されている。

九月乙未、出羽前司信兼入道已下平氏家人等京都之地、可為源廷尉沙汰之由、武衛被遣御書、

平家没官領内京家地事、未致其沙汰、仍雖一所、不宛賜人也、武士面々致其沙汰事、全不下知事也、所詮可依

院御定也、於信兼領者、義経沙汰也、

御判

『吾妻鏡』の地の文では「信兼入道以下平氏家人ら京都の地、源廷尉の沙汰たるべし」といい、「頼朝書状」の本文では「平家没官領内京家地の事、（略）所詮院の御定によるべき也、信兼領においては、義経の沙汰也」とあって、ややニュアンスが異なる。しかし、木内正広氏の論証のように(20)、地の文は『吾妻鏡』の編者が誤って要約したものであって、頼朝書状のいうように、当該期における「平家没官領内京家地の事」に関する権限をもっていたのは「院の御定」、すなわち後白河院であったと考えるべきであろう。

しかし、それは九月九日の時点でそうであったのであって、それ以前、一院御座作手の藺田が問題となった七月段階においても同じであったことを意味しないのではないだろうか。先の「頼朝書状」に「未だ其の沙汰致さず、（中略）

武士の面々其の沙汰致す事、全く下知を知らざる事也」とあることがそれを物語っている。すなわち、七月時点ではすでに在京武士によって「平家没官領内京家地」の沙汰（それは内乱中の臨時的な沙汰に過ぎないであろうが）が進行していたのであった。それを中止させ、一応院の沙汰に委ねようとしたのが先に「頼朝書状」であったと考えるべきであろう。とすると、前述の親能の沙汰もその在京武士の沙汰の一環と考えることが可能ではないだろうか。

では、そのような在京武士の行動を支えていた権限はなんであろうか。私はそれを、寿永三年二月付けの「頼朝書状」によって認定された義経の畿内近国支配権に求めたいと思う。繰り返しになるが、そこには

一　平家追討事

右、畿内近国、号源氏平氏携弓箭之輩并住人等、任義経之下知、可引率之由、可被仰下候、

とあった[21]。先の親能書状（③）には「鎌倉殿の仰せを蒙り候の間、尋沙汰せしむところ也」とあって、正式な沙汰を行ったようにも取れるが、前記の一院御座作手解（②）では、

爰次官称彼等居住之跡平家領、故押領之条、以外次第也、

と糾弾されていること考えると、親能の行為も「義経之下知」に基づく「平家追討事」の一環であったと評価すべきではないだろうか。このような混乱を「平家没官領」の問題として秩序化するために発せられたのが、九月九日付けの「頼朝書状」であった。しかしその以前に、平氏追討使の任務として「平氏家人等京都之地」に関与していたのが義経であったために、『吾妻鏡』の地の文のような誤りが生じたと考える。

やや煩雑になったが、行動の形態、発給文書の性格という二つの側面からみる限り、中原親能に、源義経と畿内近国支配を分掌するような権限が認められていたということはできないと考える。

『玉葉』元暦元年正月二八日条に、

件男（親能、木村注。以下同じ。）為頼朝代官、付九郎所令上洛、仍万事為奉行之者云々、

とあるように、親能は「九郎に付いて」「奉行」として上洛したのであって、その義経のもとで「奉行」することが彼の任務であったと評価すべきであろう。

3 源義経の畿内近国支配

さて周知のように、頼朝軍の前線部隊として上洛し、京都とその近国の支配を担当したのは源義経であった。義経は寿永二年（一一八三）冬に平氏を追討するために兄範頼とともに上洛し、播磨一の谷合戦で平氏を破った後も京都に残って畿内近国の支配を担当することになった。それは、前述の寿永三年二月日付けの「頼朝書状」に明瞭に示されていた。そして実際それを裏付けるように、畿内近国支配に関する義経の発給文書が、元暦元年（寿永三）二月ごろより確認できるようになる。松井氏らの整理に依拠して整理すると次のようである（表5）。

まず、義経が権限を行使した国々をみてみると、摂津・河内・山城・近江・丹波・紀伊・石見・伊予の八カ国に及び(22)、ほぼ畿内・近国を覆っていることから、義経が畿内・近国支配を担っていたことが証明される。また、その権限の内容をみても、ほとんどが兵粮米の停止と武士の狼藉停止であり、先の「頼朝書状」に規定されていた内容の実行であるということができよう。

しかし、その文書形式と内容をみると、前述の中原親能の場合とは異なった特徴があることがわかる。それは、荘園領主らの要求に対して「外題」という形式をとって権限を行使していることが多いことであり、かつその外題には、「院宣」や「鎌倉殿御下知」などの記載がいっさいみられないことである。一・二例示すると次のようである。

A 云開発相伝、云当時沙汰次第、所申尤有其謂、早如元令安堵本宅、可勤仕御家人兵士役之状、如件、

B　如解状者、尤不便也、早停止無道狼藉、可令致沙汰也、若又有由緒、可言上子細之状、如件、

Aは、源康忠の本領安堵の解状に与えた外題であり（表5③）、Bは高野山金剛峰寺衆徒が極楽寺所司の阿弖河荘への無道を訴えた解状に与えた外題である（同⑤）。非常に簡潔であり要を得た文章になっており、緊急の判断を要求される内乱の前線の責任者が用いるにふさわしい文書形式といえよう。そして、これらには「院宣に任せ」とか「頼朝の仰せに依って」などという文言はまったくみえていない。前線部隊の責任者としての彼独自の判断で権限の行使が行われたと考えることができるように思う。外題という文書様式からくる当然の性格かもしれないが、親能にはなかった義経の「頼朝代官」としての強い権限をみることができるのではないだろうか。

しかし、義経のこのような権限の行使は外題だけではなかった。表5からも明らかなように、義経は「下文」「請文」「書状」という文書も用いていた。

たとえば、表5⑥の書状は次のようである。

高野山阿弖川庄事、子細承候了、
證文顕然之条、所見及候也、早存其旨、
以便宜且可申入事由候也、神社仏寺事、
実不便候、恐々謹言、

表5　源義経の発給文書

	年月日	文書名	関係国	『平安遺文』番号
①	寿永三・二・二二	源義経請文案	摂津	四一三六
②	〃　二・二四	源義経請文	河内	五〇八七
③	〃　二・	源康忠解案の外題	河内	四一四〇
④	〃　三・	感神院所司等解の外題	山城丹波	四一四五
⑤	〃　三・	金剛峰寺衆徒解の外題	紀伊	四一四六
⑥	元暦元　五・二	源義経書状	紀伊	四一六七
⑦	〃　五・二四	源義経下文案	紀伊	四一七四
⑧	〃　五・	源義経下文案	石見	四一七七
⑨	〃　六・	源義経書状	伊予	補四二三
⑩	〃　九・	萱野郷百姓等解の外題	摂津	四二〇七
⑪	〃　九・二〇	源義経書状案	摂津	四二〇八
⑫	未詳	通法寺愁状の外題	河内	四二二六
⑬	元暦二・一・二二	源義経安堵状	和泉	四二一八
⑭	〃　六・	源義経下文案	石見	四二六二

五月二日

源　義経

また、⑦の下文は次のようである。

紀伊国七箇庄者、高野伝法院領也、兵士兵粮以下可停止其催也、不用先日下知之由其聞、返々不当也、不用此制之輩、注交名、可注進之状、如件

元暦元年五月廿四日

源在判

これらにおいても、「頼朝の仰せ」などという頼朝の判断を前提にした文言がないことは明らかである。この特徴は、義経の発給文書に一貫する特徴である。義経の最前線指揮官としての自負が現れていると評価することができよう。そして後者の下文では「奥上署判」という形式がとられている。当該期の文書には信憑性に疑点があるものが多いので断定は差し控えなければならないが、現存している文書でみる限り、頼朝以外でこの時期に「奥上署判」という形式で文書を発給している例はあまり多くなく、この形式もまた義経の強い権限を表現していると考える。[23]彼は前線の指揮官としての独自の判断をできる権限を有していたというべきであろう。

以上のように、義経の畿内近国支配は、「頼朝代官」という権威を背景にしながらも、内乱最前線の責任者として単独の判断に基づいて実行された側面が強いということができよう。それは先にも述べたが「外題安堵」という文書形式に端的に表現されているといえる。中原親能の位置、そして権限とは明らかに違っていた。もちろん、紀伊国大伝法院領をめぐる問題の場合のように、義経の畿内近国支配に親能の補佐や関与がまったくなかったとはいえないが、彼らが「役割分担をしながら」畿内近国を支配したということはできないであろう。

以上のような状況が、鎌倉殿御使が派遣される直前までの畿内近国支配の体制であった。

四　鎌倉殿御使派遣の目的

1　武士狼藉の実態

鎌倉殿御使の任務は、第二節でも検討したように、『吾妻鏡』元暦二年二月五日条に詳しく記されている。それによれば、畿内近国に散在している武士が、兵粮米徴収にことを寄せて「狼唳」しているので、それを停止するためであった。

しかし、前述のように、これまでの研究はこの記述をそのまま用いてしまい、なぜ「兵粮米徴収に事を寄せて」武士が狼藉を行うのか、すでに派遣されている代官（有力人名）がなぜ停止できないのか、それらの代官が停止できないにもかかわらず、「指したる大名」でもない中原久経と近藤国平が派遣されたのか、さらに鎌倉殿御使であるにもかかわらず「院宣に拠れ」と命じられている理由はなにか、などについてはまったく検討してきていないのである。内乱期という状況のなかで、もう少し具体的に彼らが派遣された要因と任務について検討する必要があるのではないだろうか。

まず、派遣の要因となっている兵粮米徴収にことを寄せた武士の狼藉の実態についてみてみることにしたい。たとえば、武士の濫行停止を求めた寿永三年二月一八日付けの「宣旨」を掲載した『吾妻鏡』元暦元年三月九日条には次のように記されている。

是近日武士等寄事於朝敵追討、於諸国庄園、打止乃貢、奪取人物、而彼輩募関東威歟、無左右難処罪科之由、公家内々有沙汰云々、

すなわち、畿内の武士の濫行は「朝敵（＝平氏）追討」を名目としたものであり、その背景には「関東の威」があったことがわかる。さらにそれら畿内近国の武士の狼藉を停止するために、元暦二年二月鎌倉殿御使を派遣した後も、「在洛武士」の狼藉が鎮静化しないということを「聞き及んだ」頼朝は藤中納言に対して、「武士の上洛は朝敵追討のためであるが、朝敵の平氏は『隔海』にあって追討できていない。追討後は「沙汰直」しようと考えている。当面近国については紀定するため使者を二名派遣した」と弁明した上で、さらに、

募頼朝威、武士濫妨事、令停止候之許也、

と記した書状を送っている。[24] これらから前記の「関東の威」も当然のごとく「頼朝の威」であると考えられがちであるが、果たしてそうであろうか。

というのは、前節で検討したように、当該期畿内近国の支配権を掌握していた義経がその権限を行使する際に、「頼朝の仰せ」など「頼朝の威」を直接利用せず、文面から判断する限り、もちろん「頼朝代官」という地位からではあるが、義経自身の権限に基づいていたことに注目したいからである。

たとえば寿永三年三月、感神院所司らは、「社頭并びに四至内の狼藉」と「武勇の輩等」の乱暴の停止を要求して次のような解状を義経に送っている（表5④）。[25]

感神院所司等解　申進　申文事

請被殊蒙　恩裁、停止社頭并四至内狼藉、号九郎御曹司仰、武勇輩等寄事於左右、或称有所縁咎、或付寄宿者事、不触社家、恣行追捕間、云社辺云住僧、即及損亡逃散、不勤　公家御祈祷、季等《ママ》神事有違例条条子細状

一社家住僧神人等被追捕子細状

右（略）、然則自今以後、任旧例停止如此狼藉輩、可安堵思之由、被成下　御曹司御下文者、将仰御憲法之厳、

殊奉祈　御息災安穏増長福寿之由、仍粗注子細謹言、

（以下二箇条略）

まず注目すべきは、事書部分から明らかなように、「武勇の輩等」の乱暴が「九郎御曹司の仰せと号して」行われていたということである。しかしこの場合は武勇の輩らが単に「号して」いただけではないことは、その停止のために「御曹司御下文」の「成し下し」＝発給が要求されていることであり、さらにこの解状を受け取った義経も

如状者不当之事也、早令停止其狼藉之状如件

源（花押）

という外題を与えていることからも理解できよう。武勇の輩らの行動は内乱期の畿内近国支配の責任者であった義経の命令に基づくものであったと考えられる。

また、元暦元年九月の「摂津国垂水西牧萱野郷百姓等解」は、郷内の私領主が「牧例」を知らず、百姓に狼藉を繰り返していることの停止を摂関家政所に求めているが、このときの私領主の行為も「指したる證文を帯びず、只方に源判官殿の仰せばかり也」であったと指摘されている（表5⑩）[26]。この解状は摂関家政所を経由して義経の所へ持ち込まれたと思われ、義経は「狼藉停止」の外題を与えるとともに、それとは別に「成外題謹以進上之、以此旨、可然之様、可令披露給候」という内容の書状を送っている（同⑪）[27]。私領主たちの行動が義経の命令と多分に関係していたことを示していよう。

実は、このような関東武士の乱暴は義経の配下の者の例だけではなかった。『吾妻鏡』元暦二年四月二六日条に、宛所だけが異なる同文の源頼朝下文が二通所載されているが、それらは、頼朝の代官である土肥実平と梶原景時とに出された下文で、実平と景時の「濫妨知行」の停止を命じたものである。しかし本文によれば、その濫妨は実平と景

時自身のものではなく、各郡内に派遣されそこに居住した代官たちの濫妨であったことがわかる。『吾妻鏡』の地の文は、そのあたりの事情を次のように記している。

近年兵革之間、武勇之輩耀私威、於諸庄薗致濫行歟、依之、去年春之比、宜従停止之由、被下綸旨訖、而関東以実平景時、被差定近国惣追捕使之処、於彼両人者、雖存廉直、所補置之眼代等、各有猥所行之由、漸懐人之訴、

これによると、実平と景時両人は「廉直」であり頼朝の命に忠実なのだが、派遣した「眼代」＝目代たちがその命に従わず濫妨をするので停止させよ、ということになる。しかし、前記の「鎌倉殿御使下文」のCに、

可早任 院宣并鎌倉殿御下知、停止武士梶原平三濫妨事

右、件御庄者（泉木津庄）殿下御領也、而梶原平三景時不帯指 院宣并長者宣、又不蒙鎌倉殿御下知、任自由令押領之旨有其訴、（下略）

と明記されていたように[28]、景時もまた内乱のなかの現地指揮官として「濫妨」を繰り返していたのである。とすると、頼朝下文によって停止を命じられた目代らの濫行も、義経の場合と同じように、景時や実平らの命を受けた、ないしは彼らの下知を口実にした行動であった可能性が高いように思われる。元暦二年四月、「齢八旬」の累代御家人である「前出羽守重遠」は、「在京の東士等らが兵粮と称し、番役と号して譴責」することは堪え難い。これは「一身の訴え」ではなく「庶人の愁い」であり、「平氏の時、かつてこの儀なし、世上未だ収まらざるか」と頼朝の前で愁いているが[29]、その実態は上記のようなものではなかったであろうか。

また、頼朝は元暦二年四月、雑色吉枝を西海に派遣し田代信綱に書状を送っているが、そこには、西海において義経が「偏に自専の儀」を行っていることを批判した上で、「所詮、向後においては、忠を関東（頼朝）に存ずるの輩は、廷尉（義経）に随うべからざるの由、内々相触るべし」と書かれていたという[30]。義経の「自専の儀」については、西

海における平氏追討の際彼の勝手な行動が梶原景時によって指弾されたことも有名なので[31]、一般化は難しいかもしれないが、しかし、上記の土肥実平や梶原景時などの例を勘案するならば、それは義経の個性だけに帰されるべき問題ではなく、内乱のまっただなかで指揮を取らざるを得なかった頼朝の代官一人一人が、少なからず「自専の儀」を行わずにはおられなかった、と考えるべきではないだろうか。それは、内乱という戦闘状態における現地指揮官としては、勝つためにはとらざるを得ない行動であったのである。当然、その一方では内乱を口実とした不法行為もあったであろうことはいうまでもない。しかし、荘園領主にとってみれば、その軍事行動がどのような理由であれ、「旧来の体制」を破壊する「濫妨」以外なにものでもなかったのであった。

以上のように考えることが可能であれば、前記『吾妻鏡』元暦元年三月九日条の「関東の威」がそのまま「頼朝の威」である、とは単純に理解できないであろう。「頼朝代官」としての義経らの独自の判断に基づく武士団の行動こそが、貴族たちからみれば「関東の威」を募った濫妨であったのである。

私は、このような義経に代表される現地指揮官としての「頼朝代官」の畿内近国における軍事行動と、頼朝本人の考え方、とくに占領政策のあり方との違い、矛盾のなかにこそ、鎌倉殿御使派遣の要因があると考える。

2　鎌倉殿御使の任務

さて、一節で簡単に触れたが、御使の任務は、その派遣にあたって、

是追討平氏之間、寄事於兵粮、散在武士於畿内近国所々、致狼藉之由、有諸人之愁緒、仍雖不被相待平家滅亡、且為被停止彼狼唳、所被差遣也、

と記されているように[32]、畿内近国に散在しているい武士が、兵粮米徴収に事を寄せて「狼唳」しているので、それを

停止するためであった。

しかし前節で検討したように、畿内近国に散在している関東武士の「狼唳」は単なる乱行・濫妨ではなく、初期の頼朝政権が内包せざるを得なかった矛盾に起因するものであった。すなわち、内乱を勝ち抜くための戦略立案主体＝権力本体は鎌倉にあり、その戦術・政策に基づいて戦闘と占領を実行する部隊は遠く離れて、畿内近国、さらに西国・九州を転戦しなければならなかったために、派遣された「頼朝代官」は、代官でありながらも、現地指揮官としてその都度の局面で「自専の儀」をせざるを得なかったのである。それは、二節で検討した義経の畿内近国支配の形態によく現れているように、頼朝の政策を前提にしながらも、流動的な事態に即時に自らの判断で対応しようとするものであった。それは、武士団に対する指揮や現地支配の方式についてもそうであった。そして、このような「自専の儀」は義経だけにとどまらず、その外の代官、土肥実平や梶原景時らにおいても多分にそのような側面を有していたことは前述したとおりである。これらの「自専の儀」に基づく現地における占領政策こそ関東武士の「狼唳」＝乱行・濫妨を引き起こした要因であったのである。

まさに、このような事態に対応するため派遣されたのが鎌倉殿御使であった。そこでもう一度彼らが任命された状況をみてみると、次のようである。(33)

悉以経奏聞、可随　院宣、此一事之外、不可交私之沙汰之由、被定仰云々、今両人雖非指大名、久経者故左典厩御時殊有功、又携文筆云々、国平者勇士也、有廉直誉之間、如此云々、

繰り返しになるが、まず、中原久経と近藤国平が「指したる大名」ではないが、久経は文筆に長けた官人であり国平は勇士であること、そして行動においては院宣に従い「私の沙汰」を交えないことが厳命されていることが確認できる。

私は、これまでの畿内近国支配の状況を考え合わせたとき、やはりこの記述のなかに御使派遣の真の意味が隠されていると判断する。

まず第一に、頼朝が、義経らと同じような有力武士を御使とせず、「指したる大名」でない久経・国平を選んだ理由について。それは前節の分析からも明らかなように、問題になっている関東武士の濫妨は義経ら頼朝代官の「自専の儀」によるところが多いのであるから、有力武士を派遣することはすでに派遣されている代官と同じ過ちを繰り返すことになりかねないと判断したからであろう。また、身分は高くないが、「故左典厩」＝父源義朝以来奉公し信頼できる武士を派遣することによって、頼朝自身の意志と判断を直接伝達できると考えたからに外ならないであろう。さらに、一人は「文筆」に優れた官人、片方は「廉直」な「勇士」という職務の異なる両者を一対として派遣したのも、どちらか一方による「自専の儀」を防ぐためでもあったと考えられる。「私の沙汰を交えない」ということが執拗に強調されていることがそれを証明していよう(34)。

第二に、「院宣」の遵守が強調されていることについて。これについては改めていうまでもないであろう。寿永二年の一〇月宣旨の獲得以来、頼朝の基本的な政治路線は「院との協調」であった。ともすると「関東の威」「頼朝の威」や合戦の勝利という事実を根拠に、所領や権益の獲得をめざして一方的な濫妨を繰り返しかねない関東武士に対して、院勢力との協調という政策基調を周知徹底させるために「院宣」の遵守ということが明言されたのである。実際、「鎌倉殿御使下文」には「院宣并びに鎌倉殿御下知に任せて」という文言が明記されており、両政権の協調関係が如実に示されていたのである(35)。そして「院宣」の遵守という院の権力を背景とした方針は、実行場面における御使の身分の低さを補うことにも有効に働いたであろう。

このように、鎌倉殿御使の派遣は、内乱状況下における単なる武士の乱行を停止することに目的があったのではなく、頼朝は鎌倉に、実際の占領部隊は畿内近国、さらに西国・九州という遠隔地域に駐留し、戦闘をせざるを得ないという状況のなかで生じた、実際の占領部隊による頼朝の意図を超えた行動（朝廷・貴族からみれば濫妨）を、再度頼朝自身の占領戦略に基づいて抑え込むとともに、院との協調という頼朝の政治路線を徹底させるためであったと考えることができるのではないだろうか。「頼朝代官」による占領政策から頼朝自身の政治路線による占領政策への修復を図るためであったのである。

五　むすびにかえて―「鎌倉殿御使下文」の意味―

すでに、鎌倉殿御使の任務を分析するなかで結論をほぼ述べてしまったので改めてまとめるまでもないが、「鎌倉御使下文」の意味という観点からまとめ直すならば次のようになろう。すなわち、平氏滅亡を前に、内乱過程の占領政策によって混乱した在地支配を立て直すとともに、院権力との調和を探りながら、それまでの「頼朝代官」による内乱状況的占領政策を改めて、頼朝自身の占領政策に基づく畿内近国支配を実現・徹底するために派遣されたのが鎌倉殿御使であり、それを実際に実行するために発給されたのが「鎌倉御使下文」であったと。初期頼朝政権が、内乱期の権力から院・朝廷を含めた京都の勢力にも認知された権力へ脱皮するためには、どうしても必要な政策であったのである。

したがって第一節でも指摘したが、「御使下文」の形式に「下知状形式」をとっているものがあるということと、「院宣并に鎌倉殿御下知（鎌倉殿仰）に任せて」という文言が必ず使用されていることとの関連に注目したい。なぜならこれら二つの特徴は、文書様式論的には不十分ではあるが、「鎌倉殿」ないし将軍の意を受けて執権・連署がこれを奉じて発給した「関東下知状」に共通する（展開するというべきか）性格を有していると考えることが可能だからである。鎌倉時代の下知状は「下文の様式と奉書（御教書）の様式の合成」であるといわれるが[36]、古文書学的にはまだまだ詰めなければならない点があるものの、『平安遺文』編者がこれらを「関東下知状」と名付けたのも故のないことではないと思われる。

御使と御使下文による支配が、文書形式においても、支配形態においても、それまでの義経に代表されるような「頼朝代官」の「自専の儀」による占領期の支配形態とは大きく異なっていることはいうまでもないであろう。あえていうなら、「頼朝代官」としての個人の権限と責任に基づく領主制的・主従制的支配から、武家権門の棟梁としての頼朝の意を受けた機関的・構成的な支配への移行である。

もちろん、この御使の派遣によってその移行が完成したわけではなく、大山氏が問題にしたように、頼朝と北条時政との関係など[37]、頼朝権力内部における二つの要素の相克はこの後も継続し、最終的には執権政治として一応の定着をみるのだが、元暦二年に派遣された「鎌倉殿御使」は、頼朝政権が機関的・構成的な権力へ歩みだそうとする試みの第一歩であったと評価することができるのではないだろうか。

鎌倉殿御使と御使下文の政治史的評価に限定して、平安時代末期の内乱史の方法を再検討することに本章の目的をおいたため、これまで先学が議論されてきた多くの重要な論点についてはまったく言及することができなかった。非礼をお詫びするとともに、それらの課題は別の機会に果たしたいと考えている。

注

（1）　大山「文治国地頭の三つの権限について」（『日本史研究』第一五八号、一九七五年）、同「没官領・謀反人所帯跡地頭の

成立」(『史林』第五八巻六号、一九七五年)、同「文治国地頭制の停廃をめぐって」(『横田健一先生還暦記念日本史論叢』一九七六年、所収)、同「文治国地頭の存在形態」(『柴田実先生古希記念日本文化史論叢』一九七六年、所収)、同「鎮西地頭の成敗権」(『史林』第六一巻一号、一九八七年)。

(2) 『京都大学文学部研究紀要』第二一号、一九八二年。

(3) このような観点に立った近年の仕事としては、川合康氏の一連の研究をあげることができる。「鎌倉幕府荘郷地頭職の展開に関する一考察」一九八五年、「鎌倉幕府地頭制成立とその歴史的性格」一九八六年、「治承・寿永の『戦争』と鎌倉幕府」一九九一年、など(ともに同『鎌倉幕府成立史の研究』校倉書房、二〇〇四年、所収)。

(4) 友田吉之助「文治元年守護地頭の設置についての再検討」(『日本歴史』第一三三号、一九五九年)、安田元久『地頭及び地頭領主制の研究』第三章「文治設置の地頭」、第四章「『諸国地頭職』成立の政治的経過」(山川出版社、一九六一年、所収)など。

(5) 田中『鎌倉幕府御家人制度の研究』第一編第一章(初出一九六二年、吉川弘文館、一九九一年、所収)。

(6) 注4に同じ。

(7) 上横手『日本中世政治史研究』第三章第二節「東国と西国」(塙書房、一九七〇年、所収)。

(8) 『歴史』第五一輯(一九七八年)。なお、松井氏の研究の後、氏と同様に、鎌倉政権の京都支配の特質という視点から分析された論考に藤本元啓氏の「京都守護」(『芸林』第三〇巻二号、一九八一年)がある。氏の論考は、京都守護という職種を源義経段階から想定し、その担当者が、義経と中原親能、さらに鎌倉殿御使、北条時政、一条能保、中原親能らへと変化する過程を丁寧に追究したものである。しかし、本論との関係でいえば、京都守護という職務の明確な規定がない上、それまでの研究と同じように、「鎌倉代官」と「鎌倉殿御使」との身分や権限の違いに注目されず、さらに、鎌倉殿御使も「京都守護的性格」であったとされる点には賛成できない。なお、藤本氏の論考の存在については川合康氏のご教示を受けた。感謝申し上げる。

(9) 元暦二年三月四日、同年六月一六日条。

(10) 元暦二年五月二五日条。
(11) 『吾妻鏡』文治元年一二月六日条。
(12) 元暦二年四月二四日関東下知状（『平安遺文』四二四二号）。
(13) 元暦二年四月二八日関東下知状（『平安遺文』四二四三号）。
(14) 元暦二年五月一日関東下知状（『平安遺文』四二四五号）。
(15) 元暦二年五月六日源吉基・平義包連署下知状（『平安遺文』四二四六号）。
(16) 元暦二年七月一日関東下知状（『平安遺文』四二六五号）。
(17) 『吾妻鏡』元暦元年二月二五日条。
(18) 『玉葉』寿永二年九月四日条。
(19) それぞれ所蔵文書名を記すと、①④は「根来要書」下、②③は「白河本東寺文書」である。これ以外に、観自在院領木津荘に関する「藤原親能書状案」（『平安遺文』四二四八・四九号）が存在するが、これは梶原景時の妻に関連するところから（『吾妻鏡』文治元年四月二六日条参照）、元暦二年の文書であると推定されるので、検討から除外した。
(20) 木内「鎌倉幕府と都市京都」（『日本史研究』第一七五号、一九七七年）。
(21) 注17に同じ。
(22) 石見国に関する二通の文書は、「益田家什書」所収であり、福田栄次郎氏が検討されたように疑問の多い文書であるのが（「石見益田氏の研究」『歴史学研究』第三九〇号、一九七二年）、一応例示しておいた。
(23) 義経以外に奥上署判などを用いているのは、次の文書である。
① 元暦元年八月九日大内惟義下文案（『平安遺文』四一九三号）。これは袖判下文で、署判（「在判」）の下に、「源惟義国務之時免判也、雖奉行国務非国司、仍無大介之位所」という注記がある。
② 元暦元年一一月二五日源範頼下文案（『平安遺文』四二一八号）―奥上署判下文。
③ 元暦二年二月日藤原親能下知状案（『平安遺文』四二三三号）―奥上署判下知状。

④　元暦二年二月日関東下知状案（『平安遺文』五〇九三号）―藤原親能の奥上署判下知状。

(24)『吾妻鏡』元暦二年三月四日条。

(25)元暦元年三月日感神院所司等解（『平安遺文』四一四五号）。

(26)元暦元年九月日摂津国垂水西牧萱野郷百姓等解案（『平安遺文』四二〇七号）。

(27)（元暦元年）九月二〇日源義経書状（『平安遺文』四二〇八号）。

(28)注14に同じ。

(29)『吾妻鏡』元暦二年四月二八日条。

(30)『吾妻鏡』元暦二年四月二九日条。

(31)『吾妻鏡』元暦二年四月二一日条など。

(32)『吾妻鏡』元暦二年二月五日条。

(33)注32に同じ。

(34)文治元年一二月六日付けの書状においても、頼朝は彼らの派遣について、「猶私の下知の恐れ有るに依って、一々院宣を賜り、成敗すべきの由、仰せ含め」たと書いており、頼朝が代官ないし御使の「私の下知」＝「自専」をいかに恐れていたかが読みとれよう。

(35)田中氏は、御使の判断にあたって院宣の遵守が強調されていることから、東国と畿内近国、さらに四国・九州における頼朝の権限の相違を指摘されているが、同時期の義経が院宣遵守を行っていないことや、御使派遣の意味を私のように理解できるならば、一概に頼朝の権限の相違を決めつけることができないように思う。

(36)佐藤進一『古文書学入門』（法政大学出版局、一九七一年）など。

(37)注2論文。

Ⅲ 政権

第六章　富士巻狩りの政治史

一　はじめに

建久四年（一一九三）五月八日から六月七日まで一カ月間にわたって行われた富士の巻狩りは、鎌倉幕府の正史『吾妻鏡』に詳しく叙述されており、かつ曾我物として民衆に普及した『曾我物語』の存在によって、これまで源頼朝の長子頼家がはじめて鹿を射た話や戦闘訓練・狩猟祭祀に関わる話、そして何よりも曾我兄弟の敵討ちの現場として、多くの研究で言及されてきた。しかし、文学研究の分野はともかくも、歴史学の分野においては、通史的な啓蒙書や武士論との関係から戦闘訓練に関する研究などの一環として検討されることはあっても(1)、鎌倉政権成立期の政治史として十分評価されてきたとはいえないように思う。

すでに指摘されているように、富士の巻狩りが、信濃国三原野＝東山道の関東への入り口付近、下野国那須野＝奥羽へ続く関東からの出口、という二箇所で行われた狩りに連続して実施されており、かつ富士の巻狩りもまた富士の裾野＝東海道における関東の境であったことから考えても、単なる武術・戦闘訓練を目的とした巻狩りと評価することはできない。関東の主要な出入り口三箇所で狩りを実施したのは、関東の支配者としてその支配領域を示したものとも考えられるとか、支配者であることを内外に宣言したようなものである、という評価もされているが、大方は自治体史の通史編などにおける評価であることもあって具体的に検討されているわけではない。[2]

このような視点に立ったとき、文治元年（一一八五）の守護・地頭の設置、同五年の奥州藤原氏の討滅、そして建久元年（一一九〇）の権大納言・右近衛大将の任官、さらに建久三年の征夷大将軍任官と続く鎌倉幕府成立史の諸段階のなかで、上記のような内容と評価をもった富士巻狩りが建久四年に行われた政治史的な意味が改めて問われなければならないであろう。

ところで、上記のような問いに対しては、すでに千葉徳爾氏が狩猟伝承研究の立場から検討し、以下のような諸点を指摘している。[3]

① 征夷大将軍に就任した頼朝は、国家統治の実質的責任者として、また源氏再興の悲願を達成した者として、今後の運勢とその資格とを神に問う必要を感じたのではなかろうか。

② 子頼家がはじめて鹿を射止めたことは、嫡子として幕府を受け継ぐ資格が備わっているという確信が頼朝にわき起こったのであり、頼朝がこの盛大な行事を挙行した目標の一つはここにあったのではないか。

③ この巻狩りの後、曾我兄弟の敵討ちの後始末がつくや否や弟範頼を電撃的に流罪に処していること、さらに、範頼がこの巻狩りに参加していなかったことも、②を裏付ける。

これらを指摘した上で、富士巻狩りが計画的でないこと、そして例がないほど大規模であって、単純な「将軍の遊楽」とは考えられないことから、千葉氏は「頼朝にとっては何等かの重要な神の啓示を期待したものであった」と評価している。巻狩りの狩猟祭祀としての位置付けから導き出された結論であり、石井進氏が「この巻狩の政治的な意味を指摘された」「卓見」であると評価されたことは十分首肯できよう。[4]

しかし、富士巻狩りがこれ単独で行われたのではなく、前述のように、信濃三原野、下野那須野の狩りと連続して実施されていることを考えると、②の頼家の後継者としての認定や「神の啓示」という点にウェイトを置いた評価はやや結果論的すぎるといわざるを得ないであろう。

とはいえ、富士巻狩りを単なる曾我兄弟の敵討ちの舞台として評価するのではなく、初期鎌倉政権が確立する政治過程の一環として評価する必要がある、という千葉氏の提起は依然その重要性を失っていない。このような問題意識から、本稿では建久年間前半の政治過程を追究することを通じて、頼朝が建久四年に富士巻狩りを行った政治史的な意図はなにか。すなわち、富士巻狩りの鎌倉初期政治史のなかに占める意味について考えてみることにしたい。

二　富士巻狩り以前の政治過程

1　建久二年、頼朝の政治過程

巻狩り以前の政治過程を考えるために、まず、『吾妻鏡』に沿って、建久二・三年の頼朝と鎌倉とをめぐる政治状況を追いかけてみることにしたい。

文治五年（一一八九）、源頼朝は義経を匿ったことを口実に大軍を率いて奥州藤原氏を攻め、義経とともに藤原泰衡の討滅に成功した。この戦争の詳細な過程と意義については川合康氏の仕事を参照されたいが[5]、これによって、敵対する源氏一族（義仲・義経ら）、平氏一門そして奥州藤原氏を討つことが完了したのである。治承四年（一一八〇）八月の挙兵以来一〇年間続いた頼朝の「内乱」は一応の終止符が打たれたといってよいであろう。敵対する諸勢力を討ち全国平定を実現した頼朝にとって、いよいよ本格的に幕府体制を確立する時期を迎えたのである。建久元年

（一一九〇）はこのような年であった。

建久元年一〇月、全国平定という実績を背景に、頼朝は上洛し、後白河法皇に謁見した。まず「勲功の賞」として頼朝に与えられたのが権大納言であった(6)。そして、同月二四日には右近衛大将に任ぜられた。頼朝は征夷大将軍を望んだが、法皇は認めなかったというが、真相は不明である。そして、頼朝は一二月三日には両職を辞し、同一三日には「六波羅の御亭」を発ち鎌倉へ戻った。この後、頼朝が、職を辞したとはいえ、「右近衛大将」の権威を利用して「前右大将家」を名乗ったのはいうまでもない。『吾妻鏡』は両職を辞した翌日四日から「前右大将家」と記しているほどである。

「前右大将」という権威を得た頼朝は翌建久二年早々から新しい政治体制の形成に着手し始めた。正月一五日に「政所吉書始」を行い、それまで「恩沢」を授ける際使用していた「御判」を捺した文書や「奉書」を召し返し、「家御下文」に改めることを定めているし、政所・問注所・侍所の家司、さらに公事奉行人・京都守護・鎮西奉行人などを改めて補任している。

そして、二月四日には恒例の「二所参詣」を行い、一五日には「大倉山辺」を歴覧し「精舎」の建立を沙汰している。その理由を『吾妻鏡』は次のように記している。

一昨年奥州征討に赴く際、「合戦無為の後」は鎌倉の中に「伽藍を草創」すると「御立願」したが、昨年は奥州の騒動や国土飢饉、さらに上洛などがあって「営作」することができなかった。しかし、「今においては、郡国悉く静謐にして、民庶皆な豊稔の間、漸くその沙汰有り」。

実際にそのような「御立願」があったかいなかはともかくも、「今においては、郡国悉く静謐にして、民庶皆な豊稔の間」という部分は、建久二年春の頼朝の気持ちを表しているといえるのではないだろうか。順風満帆の船出といってもよいであろう。

しかし、政治は頼朝の思惑どおりには進まなかった。三月四日丑刻、小町大路辺から出た炎は江間殿（北条義時）らの屋敷一〇宇を焼き、さらにその「余炎」は飛び火して「鶴岡馬場本の塔婆」に移り、幕府さらに「若宮神殿・廻廊・経所等」を灰燼と化してしまった。「鎌倉大火」である。頼朝も安達「藤九郎盛長の甘縄の宅」に移らざるを得なかった。

奥州藤原氏を討滅しさらに「前右大将」という地位を得て、武家権力の掌握には成功したものの、まだ政治体勢としては未確立な面を残しており、その確立に全力を傾けようとしていた矢先に、武家政権の象徴でもある首都＝鎌倉が焼失してしまったのである。頼朝の失意は十分推測できる。

そして、この鎌倉大火が、すでに予言されていたことは注目してよい。すなわち、大火の前日三日に行われた鶴岡八幡宮法会の終了後、法会に供奉していた人々が侍所で候していたところ、広田次郎邦房なる者が傍輩に「明日、鎌倉に大火の災い出来し、若宮・幕府ほとんどその難免るべからず」と語ったというのである。邦房は大和守維業の男であったので、それを聞いた人々は「然からば、家業を継ぐ者は儒道の号あると雖も、天眼を得難きか」と笑ったと『吾妻鏡』は記している。残念ながら邦房の「天眼」は証明されたのである。『吾妻鏡』の編者がこの「予言」記事を採用した意図は不明であるが、当時の武家政権はこのような予言が起こるような不安な材料を抱えていたということもできよう。

頼朝は、焼失した現場に立ち、「殊に歎息し」「礎石を拝して御涕泣」した若宮の再建を八日には早くも着手し、二六日には若宮の地にはじめて八幡宮を勧請するため「御宝殿」の棟上も行われた。一方、四月三日に「幕府事始め」を行いその再建を開始し、幕府南門（六月七日条）、「大御厩」（同一七日条）、「幕府内御厩」（七月一八日条）などの建造が相次いで進められた。そして、寝殿・対屋・御厩などが完成し、「御移徙の儀」が行われ、「新御亭」に入ったのは七月二八日のことであった。

ところで、この間の『吾妻鏡』をみると、当然のことながら鎌倉の復興に関する記事は多々あるが、佐々木定綱の日吉神人殺害をめぐる院・朝廷とのやり取りとその結果が詳しく叙述されている程度で（四月五日・三〇日条、五月二日・八日条など）、それ以外に目立つような政策的な施策は行われていない。さらにこの年の後半をみても同じである。

鶴岡八幡宮・若宮及び末社らの再建が完成し、一一月二一日には遷宮の儀式が都より楽人の多好方らを招いて大々的に挙行された。『吾妻鏡』に好方の帰洛に際しての「餞別」の品々が長々と記録されていることから勘案すると、鶴岡八幡宮と若宮の再建・遷宮は頼朝の鎌倉復興策にとって重要な意味をもっていたことは間違いない。大火後の頼朝は何よりも武家政権の「首都」鎌倉の復興に全力を注いだと思われる。

上述のように幕府も再建でき鶴岡若宮も復興するなど、年末には鎌倉も以前の状態に復しつつあり、落ち着きを取り戻したであろう。頼朝は一年間延引してしまった前右大将としての政務をいよいよ推進しようとした。ところが、ふたたび新たな事態が起こった。一二月二七日、今月中旬ころより「法皇不豫」であるとの知らせが届いたのである。頼朝は早速「御潔斎」に入らざるを得なかった。法皇不予の状態は建久三年に入っても続き、ついに三月一三日法皇は六条殿で死去した。『吾妻鏡』はそのときの頼朝の心境を次のように記している。

幕下御悲歎の至、丹府肝膽を砕く、是則ち合体の儀忝なく、君臣の礼を重んぜられるに依ってなり、

（悲しみのあまり、頼朝の「丹府」（偽りのない心）が内蔵を打ち砕いてしまったほどである。これは頼朝が法皇との「合体」を心から感謝しており、法皇に対する君臣の礼をいかに重んじていたかを示すものである）

この文言がどれほど信用に足るものであるかはわからないが、頼朝は初七日の法会を行い、七々日ごとに潔斎する

ことを決め、三月二〇日には「法皇追福」のため「山内百ヶ日温室」を設け、「往反諸人并びに土民ら」に浴させている。そして、「四十九日」にあたる五月八日には鶴岡八幡宮をはじめ相模・武蔵の一六カ寺で百僧供を行っている。法皇の死を供養するためにこれらの諸行事が行われたことは事実であろう。

以上のように、建久二年の頼朝は、同元年末に獲得した「前右大将」という権威を背景に、武家政権の新たな政治を展開しようとしたが、その本拠地鎌倉の大火という思わぬ災難に遭遇し、何にも優先して鎌倉の復興に精力を傾けざるを得なかったのである。さらに後白河法皇の不予と死去という思いがけない状況が続いたこともあって、新しい政治の全面的な展開は一時延引せざるを得なかったと思われる。

2　建久三年前半の政治過程

五月四日の「四十九日」の供養後一カ月を経た途端、頼朝の政治は積極的になる。まず、六月三日には「恩沢の沙汰」があり、新恩が加えられたり、ふたたび以前の「御下文」を改めたりしている。そして同月二〇日には、美濃国の御家人に「前右大将家政所下文」を発し、守護大内惟義の催促に従って京都大番役を勤仕するよう命じた。この政所下文が、御家人制の本格的な採用および大番役の施行にとって、重要な位置を占めていることはすでに指摘されているし(7)、次節でも簡単に触れるのでこれ以上述べないが、これだけからも六月に入り頼朝が積極的な政治に転換したことは明らかであろう。

七月二〇日にはさらなる吉報が頼朝に届く。それは、去る一二日に頼朝を「征夷大将軍」に任じる人事がなされたこと、そして、その除書をもった勅使が発遣されたことを伝える飛脚の到来である。いよいよ待望の征夷大将軍就任が現実化したのであった。その勅使二人は二六日に鎌倉に着いた。『吾妻鏡』はその除書を引用した後、次のような記事を載せている。

将軍の事、本より御意に懸けらると雖も、今に達せしめ給わず。而して法皇崩御の後、朝政の初度、殊に沙汰有りて任ぜられる間、故に以て勅使に及ぶ。

頼朝が以前より征夷大将軍を希望していたこと、しかし、法皇生存時はそれが叶わず、死後最初の朝政において特別に任ぜられたことが記されている[8]。頼朝らの喜びは、二七日の幕府における饗応、二八日の北条氏の饗応、さらに勅使の帰洛にあたっては、頼朝が「馬十三疋、桑絲百十疋、越布千端、紺藍摺布百端」を餞別として送ったことがよく示している。まさに武家政権の新たな政治の条件が整ったといえる。

月が改まった八月五日、頼朝は征夷大将軍就任後初の「政所始」を行い、別当・令・案主・知家事など政所家司の補任を行った。このとき、千葉介常胤が「政所下文と謂うは家司らの署名なり。後鑑に備え難し。常胤の分においては別に御判を副え置かるべし。子孫末代の亀鏡となすべし」と主張して、新たに頼朝の「御判の下文」を要求し、頼朝もそれに応えた話は有名である[9]。

運の強いときはよいことが続くもので、去る四月二日に着帯の儀を終えていた妻政子が、政所始から四日目の八月九日三男千幡（後の実朝）を出産した。「此の嬰児、鍾愛殊に甚だし」と書かれているように（一二月五日条）、頼朝の千幡への寵愛は特別だったようである。同月二〇日には頼朝が御産所に渡り、父母兼備の射手を召して「草鹿勝負」を催し、一一月五日には「御行始」、一一月二九日には「百日の儀」を行っている。そして、一二月五日には、信濃守遠光・相模守惟義・伊豆守義範など有力御家人一三人を浜御所に召し、頼朝自ら千幡を懐に抱いて現れ、「各々意を一にして（千幡の）将来を守護せしむべき」の由、慇懃の言葉を懸けたという。『吾妻鏡』が「此の嬰児、鍾愛殊に甚だし」と記したのはこのときである。

また一一月二五日には、文治五年（一一八九）年以来造営を進めてきた二階堂永福寺の落慶供養も行われた。永福寺は、弟の義経や藤原泰衡ら数万の菩提を弔うため、奥州平泉中尊寺の二階堂大長寿院を模して作らせたといわれる。前年まで造営に関する記事がまったくみえないのに比して、千幡誕生以後は、池の開削（八月二四日条）、池石の配置（九月一一日条）、惣門の建立（一〇月二五日条）と、急ピッチで進められたことがわかる。前年の鎌倉大火の影響を考えなければならないとしても、この急な取り組みは異常である。やはり千幡の誕生との関係も想定しておかなければならないであろう。

これが、建久三年の頼朝をめぐる政治・社会情勢である。やはり六月に入ってからの頼朝の積極的な政治への転換は注目されなければならない。それが、後白河法皇の「四十九日」の法要を終えたことが要因なのか、それとも法皇の死後朝廷を掌握していた九条兼実との連携によって、すでに（征夷）大将軍への就任が予定されていたからなのか、要因は別途考えるとしても、建久二年三月の鎌倉大火以後、後白河院の死去という事態も重なって、前右大将としての新しい政治に取り組めないでいた頼朝が、六月になってふたたび息を吹き返したことは間違いない。そして、七月の征夷大将軍就任、八月の千幡（実朝）誕生、一一月の奥州合戦の死者供養のための永福寺の落慶供養と、頼朝にとっては順調な政治的環境が整うことになった。

三　頼朝発給文書からみた建久二・三年

1 「前右大将家政所下文」と「将軍家政所下文」

建久元年（一一九〇）一一月二四日に任ぜられた右近衛大将を翌月三日には辞し、鎌倉に帰った頼朝ではあるが、その後は「右近衛大将」の権威を利用して「前右大将家」を名乗り、それに伴って「前右大将家政所下文」を用いたこと。しかし、建久三年七月に征夷大将軍に任ぜられると、「前右大将家政所下文」に代えて「将軍家政所下文」を使用するようになり、それは征夷大将軍を辞す建久七年前半まで続くが、それ以後はふたたび「前右大将家政所下文」を用いたこと。これらの事実はすでに明らかにされている(10)。

しかし、少々細かく検討してみると、それほど事態は単純ではない。源頼朝文書に関し徹底的な分析を加えた黒川高明氏の成果に基づいて、「前右大将家政所下文」とその後に使用される「将軍家政所下文」を整理してみると、次のような表6を得ることができる(11)。

この表をみて、まず気がつくのは、建久三年八月以後の「将軍家政所下文」の多さに比して、建久二年・三年六月までの「前右大将家政所下文」の少なさである。とくに、前右大将の就任直後の建久二年には一通しか残されていない。そして、それから約一年三カ月ほど経った建久三年の六月になって三通集中的に残されている。もちろん、建久三年七月中旬には征夷大将軍に就任しているから、「将軍家政所下文」の方が御家人に重んじられたため、この時期に発給された「前右大将家政所下文」があまり残されなかったとも考えられるが、この著しく偏った残存状態はそれだけでは済まされないように思う。

表6　前右大将家政所下文と将軍家政所下文の変遷

発給年月日	文書名	所蔵者名	鎌倉遺文番号
建久2年2月21日	前右大将家政所下文*	下諏訪神社文書	511
建久3年6月2日	前右大将家政所下文*	松浦山代文書	593
6月3日	前右大将家政所下文*	正閏史料外編一	594
6月20日	前右大将家政所下文	『吾妻鏡』	596
月日	前右大将家政所下文	関東開闢皇代并年代記	597
8月22日	将軍家政所下文*	茂木文書	608
9月12日	将軍家政所下文	山川光国氏所蔵文書	617
同	将軍家政所下文	久米春男氏所蔵文書	618
同	将軍家政所下文	『吾妻鏡』	619
9月18日	将軍家政所下文	八幡宮関係文書	620
10月21日	将軍家政所下文	中条文書	630
同	将軍家政所下文	中条文書	631
11月11日	将軍家政所下文*	宇佐宮記	637
12月10日	将軍家政所下文	市河文書	645
12月20日	前右大将家政所送文*	『吾妻鏡』	647
建久4年3月7日	将軍家政所下文*	塩竈神社文書	661
4月3日	将軍家政所下文	會根崎元一氏所蔵文書	665
建久4年4月16日	将軍家政所下文	毛利文書	668
6月9日	将軍家政所下文*	香宗我部家伝証文	671
6月19日	将軍家政所下文	上妻文書	673
9月4日	将軍家政所下文*	薩藩旧記雑録	683
建久5年2月25日	将軍家政所下文	龍造寺文書	715
8月19日	将軍家政所下文*	豊田家文書	738
建久6年5月日	征夷大将軍家政所下文（偽）	大友文書	791
建久6年5月日	征夷大将軍家政所下文（偽）	益永文書	792
建久7年7月12日	前右大将家政所下文*	青方文書	856
10月22日	前右大将家政所下文	高野山文書	867
11月7日	前右大将家政所下文	和田文書	881
建久8年2月24日	前右大将家政所下文	長門三浦文書	897
12月3日	前右大将家政所下文	島津家文書	950

（注）*印は黒川氏が「検討の要あり」とした文書、（偽）は同氏が偽文書と評価した文書である。

そして何よりも、この建久二年における「前右大将家政所下文」の少なさと、建久三年六月以降の「前右大将家政所下文」・「将軍家政所下文」の急激な増加という事態が、前節で検討した頼朝の政治動向、建久二年から三年五月にかけての消極的な政治から三年六月以降の積極的な政治へという動向とかなり一致していることは注目される。これは単なる偶然の一致であろうか。

ところで、この「前右大将家政所下文」の発給状況をめぐっては、上横手雅敬氏と杉橋隆夫氏がすでに検討されているが、両者の評価は大きく異なっている。

上横手氏は頼朝の前右大将就任を高く評価する立場から、建久二年正月一五日の「前右大将家政所吉書始」とそこに記されている

前々は諸家人恩沢に浴するの時、或いは御判を載せられ、或いは奉書を用いらる、而るに今、羽林上将に備えせしめ給うの間、沙汰有りて、彼の状を召し返し、家の御下文に成し改めらるべきの旨定めらる、

という文言を重視し、「前右大将の朝官の権威をもって御家人に臨もうとするものであった」と述べる。しかし、建久二年には「前右大将家下文」が一通しかないこと、さらに建久三年六月三日にも「恩沢の沙汰あり、或いは新恩を加えられ、或いは以前の御下文を成し改めらる」という同様の記事があることに留意し、「実施に至るまでには、なお若干複雑な問題もあるが、実施されたことは事実である」という含みのある評価をされている。そしてそこに付された注では、「従って下文更改が実際始まったのは建久三年六月であり、建久二年正月は決定のみで実施に至らなかったとも見られるし、更に建久二年正月の下文更改に関する記事は否定される可能性もある」とも説明している。(12) しかし、肝腎の後半部分の評価については根拠は示されていない。

それに対して杉橋氏は、征夷大将軍就任を評価する立場から、まず建久二年の「政所吉書始」を「頼朝が前右大将

になったから前右大将家政所下文を発給することにした、そのための儀式を挙行しただけの話である」と一蹴する。その上で、建久三年五月から同六年五月にかけて幕府御教書・下知状（奉書系統文書）がほとんど遺存していないこと、建久三年まで「御教書・下知状にあえて従来通りの『鎌倉殿』を称し続けたこと」、建久二年から三年五月まで「前右大将家政所下文」を多用した形跡がないこと、などを根拠に、

彼（頼朝）が御家人に向かって強調したかったのは、前右大将の肩書きよりも、むしろ長年の念願が叶って就任することのできた征夷大将軍の官職だったと解すべきではなかろうか。

と結論する。

そして、さらに「政所吉書始」の際の下文更改問題にも言及し、これに関連する記事が、上記の建久二年正月、同三年六月に加えて、征夷大将軍就任後に行われた同三年八月の「将軍家政所吉書始」にも「御上階以前は、御判を下文に載せられ訖ぬ。政所を始めて置かるるの後は、これを召し返され、政所下文を成さるる」とあることなどから、「下文更改の決定・開始に関する『吾妻鏡』の記事は」「まちまち」であり「かなり混乱が認められる」と指摘する。その上で、『吾妻鏡』編者の手元に集められたこの種の文書や写しのうち、「もっとも古い年紀を有するのは、建久三年六月付けの（イ）前右大将家の（ロ）政所下文であったはずである」とし、『吾妻鏡』編者が（イ）から建久元年正月の画期を連想し、（ロ）から建久三年八月の画期を推測したというところが、「案外真想《ママ》だったのではあるまいか」と想定し、さらに上横手氏が「更に建久二年正月の下文更改に関する記事は否定される可能性もある」と述べていることを紹介して、建久二年正月の下文更改は「ますます否定に傾かざるをえないであろう」とまとめている(13)。

杉橋氏の批判のように、頼朝が御家人に向かって強調したかったのは「征夷大将軍の官職」であったとしても、それは建久三年八月以後の「将軍家政所下文」の急激な増加は説明できても、建久二年から三年六月以前の間に「前右

表7　頼朝発給文書全体の動向

	全体	偽文書	『吾妻鏡』所引	検討の要あり
文治5年	24	4	9	4
建久元年	28	3	21	3
建久2年	14	3	4	4
建久3年	19	0	4	8
5月まで	3	0	1	2
6月以降	16	0	3	6
建久4年	7	0	0	3
建久5年	9	2	0	6

表8　頼朝発給文書の様式別動向
（表7の偽文書は除いた）

	下文（袖判）	御教書（袖判）	書状	その他
文治5年	4（3）	5（2）	9	2（請文・折紙）
建久元年	4（0）	5（1）	12	4（注進状・奉行注文・書下・送文）
建久2年	3（2）	4（1）	2	2（言上状・寄進状）
建久3年	14（3）	3（0）	0	2
5月	1（1）	2（0）	0	0
6月	13（2）	1（0）	0	2（袖判補任状・政所送文）
建久4年	6（0）	0	1	0
建久5年	5（2）	0	1	1（下知状）

大将家政所下文」の発給がほとんど確認できないことの説明にはなるまい。この要因を解くことが、両者の成果から導き出される課題の第一である。第二は、上横手氏も杉橋氏も説明に苦慮されている、三次にわたる下文更改問題の評価についてである。以下、この二点について検討を加えることにしたい。

2　頼朝発給文書の特徴

そこで、改めて当該期の頼朝関係の発給文書を黒川氏の研究に依拠して整理してみると、次のような結果を得た（表7・表8）。

あくまでも現在確認できる文書に過ぎないので、この数値をそのまま信用することには危険を伴うが、大きな傾向を読みとることは可能であろう。そうすると、建久二年と建久三年五月までの文書数が文治五年・建久元年に比して減少していることは明らかである。建久三年は偽文書が三通あるからわずか一一通であるし、建久三年五月までは三通しかない。建久四・五年になると全体的に頼朝発給文書が少なくなるのであくまでも相対的な評価に過ぎないが、前二年間の文書数と比べるとその差は歴然としている。それに対して建久三年六月以降の発給文書数の多さもまた突出しているといえよう。とくに、征夷大将軍就任以後（八月以後）は一二通が確認できる。

また、年紀の判明する御教書が建久三年以降みえなくなること、そして年紀の明確な書状も建久二年以後激減することは注目される。『吾妻鏡』所引の頼朝発給文書が、これも建久三年以後みえなくなるのも気になる点である。

これらの頼朝発給文書の変遷から指摘できるのは、全体的には建久三年が転換点であることであろう。御教書・書状が減少し、政所下文の使用へと純化していく様相が読みとれる。また、いま問題にしている建久二・三年に限っていえば、やはり建久三年六月ないし八月になんらかの転換点を求めることができる。六月ないし八月に関しては先に指摘した第二の課題に直結するので次に考えるとして、この転換点を挟んだ前後の発給文書の変化は、1でみた政所下文の変化とまったく一致している。

頼朝発給文書をめぐる以上の諸特徴は、少なくとも建久二年～三年五月までの頼朝の政治姿勢の「消極性」を文書発給という側面から裏付けてくれるのではないだろうか。この期間の頼朝は、先述したように、首都鎌倉の大火とその復旧政策、さらに後白河法皇の不予から死去へという二度の予期せぬ「事故」によって、前右大将としての積極的な政治の展開を遂行できない状況にあったと考えるべきであろう。

3 下文更改の諸段階について

以上のような評価が正しいとするならば、杉橋氏が詳細に検討した下文更改に関する三つの記事、①建久二年正月の「前右大将家政所吉書始」、②同三年六月の「恩沢の沙汰」さらに③同三年八月の「将軍家政所吉書始」の関係はどのように考えられるであろうか。

2のような私の理解に立つと、①と②の関係は理解しやすい。すなわち、建久元年末、「前右大将」という権威を獲得し、いざそれにふさわしい新しい武家の政治を展開しようとした矢先（①）、鎌倉の大火と後白河法皇の死という二つの「事故」のため、建久二年から建久三年五月まではその「対応」に専念せざるを得ず、前右大将としての政治を一時中断することを余儀なくされた。そして、鎌倉の復興を実現しかつ法皇の「四十九日」法要を終えた約一月後に改めて「恩沢の沙汰」を行い（②）、下文更改に着手したのであろう、と。

いま、六月の「恩沢の沙汰」の契機を鎌倉の復興と法皇の「四十九日」法要に求めたが、この評価は正しいであろうか。鎌倉の復興はわかるとしても、法皇の「四十九日」を契機として理解できるであろうか。

確たる証拠はないのだが、頼朝が法皇の死去を重く受け止め、「七々日ごとに潔斎、念誦する」と決めていたことは前述したし、実際『吾妻鏡』によれば、初七日、二七日・三七日の仏事を着々と行い、四月二八日には「三十五日御仏事」を行っている。そして、そのときに、来る「四十九日御仏事」を「百僧供」とすること、「鎌倉中并びに武蔵・相模・伊豆の宗たるの寺社の供僧らがその請に従うべきこと」を命じ、さらに「京都においても御追善を修さるべき旨、兼日御沙汰」があった、と記している。そして、五月八日に南御堂で「四十九日」法要が一六カ寺の供僧一〇〇人を集めて修せられたことも前述したとおりである。

このように、故法皇の追善供養に非常に気を配っていた頼朝が「四十九日」を無事終え、月の変わった六月のはじめに「恩沢の沙汰」を実施したことを想定することは十分可能ではないだろうか。「はじめに」でも指摘したように、何よりも富士巻狩りが法皇の一周忌を待って挙行されたことがその証左となろう。

朝朝が六月の「恩沢の沙汰」を契機に、これまで延期されてきた前右大将としての政治を行おうとしたことは、六月になって連続して発給された三通の「前右大将家政所下文」の存在によっても理解できるが、頼朝の意志をよりよく示しているのが、六月二〇日に出された「前右大将家政所下文」である。

これは『吾妻鏡』に引用された下文であるが、洛中の群盗らを鎮めるために、美濃国御家人に守護相模守大内惟義の下知に従うよう命じたものである。しかし、この下文がそれにとどまらず、幕府の御家人制および大番役の制度的整備の上で重要な意味をもっていたことがすでに指摘されている。

この下文の意義を高く評価する田中稔氏によれば、この下文が「国内の武士等をして御家人たるか否かの去就を明らかにせしめると共に、御家人たる者に対しては守護の催促によって大番役を勤仕すべきことを定めたものであ」り、「美濃国において守護の大番催促権（平時の軍役指揮権）が授権されたのはこの時期と考えられている」のである。[14]

このように、鎌倉政権の根幹を形成する御家人制と大番役の整備に関する重要な政策が建久三年六月に発せられたことも、頼朝が六月の「恩沢の沙汰」を契機に積極的な政策を実行しようとしていたことを示すとともに、この段階の頼朝は「前右大将家政所下文」を政策実行のための文書として使用しようとする意図をもっていた、と評価することができよう。[15]

しかし、七月になると新たに征夷大将軍に任命された。早速八月はじめに「将軍家政所始」が行われ、三度目の下文更改が行われたのであるが③、これは①の「前右大将家政所吉書始」に倣ったものであると考えるべきであろう。たまたま六月の「恩沢の沙汰」②と日時的に近くなったため、短期間のうちに二度も行われたことに違和感があるかもしれないが、上記のような政治過程を前提にすると、十分理解できるのではないだろうか。八月以降、「将軍家政所下文」が積極的に発給された直接的要因は征夷大将軍就任と「将軍家政所始」にあったかもしれないが、政所下文を用いて政策を実行していくという政治の基本的な姿勢はすでに六月の「恩沢の沙汰」でできあがっていたのであり、③の段階では「前右大将家」を「将軍家」に変えたに過ぎなかったと考えたい。

この際、千葉常胤が政所下文を嫌い、「御判」を副えた下文を要求した記事もこの三度目の下文更改の評価を高めているように思うが、常胤に宛てられた袖判下文には、

仍て相伝所領、また軍賞によって宛て給う所々らの地頭職、政所下文を成し給うところ也、その状に任せて、子孫に至るまで相違あるべからずの状、件の如し、

と記されていた。この袖判下文の前提には先に発給された政所下文があり、「その状（政所下文）に任せ」て発給されたに過ぎないのである。

4 小括

以上、「前右大将家政所下文」と頼朝発給文書の残存形態および三度にわたる下文更改問題に注目して、建久二年以後建久三年五月までの頼朝の政治をみてきた。その結果は、『吾妻鏡』の記事をもとにして分析した第一節の結論とまったく一致した。

すなわち、前右大将という政治的な地位を獲得し、それを基盤とした武家政権としての新しい政治を展開しようと企図した途端、首都鎌倉が大火にみまわれたためその復旧作業に多くの政治力を傾けざるを得ず、それが一段落すると、今度は後白河法皇の不予そして死去に至るという政治的・精神的状況のなかで、頼朝は武家政権の確立に向けた

全国的な政治を展開できず、鎌倉の復興策と故法皇の供養という「消極的」な政治を遂行せざるを得なかったのである。そして、法皇の「四十九日」法会が終わるやいなや「恩沢の沙汰」を改めて実施し、積極的な政治に転換した。そしてそれは、征夷大将軍への就任という新たな事態によって拍車がかかったと評価すべきであろう。建久三年後半の将軍家政所下文の発給の多さはそれを如実に示している。

四　富士巻狩りの政治的意味

1　富士巻狩りの準備過程

建久三年六月を契機に積極的な政治に転換したとはいえ、建久四年二月までに、頼朝が国制に関わるような新たな政治を実施したことは確認できない。正月一四日に僧文覚が東大寺造営が難航していることを伝えてきたこと、二月二五日に北条時政の腹心で眼代であった北条時定が死亡したこと、などくらいであろうか。そして三月に入ると、四日に、来る一三日の「法皇御周闋」に千僧供養を行うよう鶴岡八幡宮若宮ら八カ寺に命じられ、一三日には武蔵守足利義信を行事に、「旧院御一廻忌辰」が宿老僧一〇人、それぞれに一〇〇人の僧が相具して、頼朝の命令通りに千僧供養が挙行された。

しかし、その法皇の一周忌の四日前に、すでに那須太郎光助に下野国北条内一村が宛行われている。それは「来月那須野において御野遊あるべくの間、その経営（準備）」のためであった。そして、一周忌の二日後（一五日）には、那須野の「御狩」のため「藍沢の屋形等」が下野国に「壊し渡」され、さらに二一日には下野那須野・信濃三原らの「狩倉」を観るために「進発」しているのである。

「来月那須野において」といいながら、それの一一日後には信濃三原野に向けて出発するという慌ただしさは何が原因なのだろうか。このような慌ただしい出発のいい訳ではないと思うが、『吾妻鏡』は「旧院御一廻の程は諸国狩猟を禁じらる。日数すでに馳せ過ぎ訖ぬ」と記している。しかし、出発は一周忌からわずか七日目である。日数が十分経ったとはいえないし、狩りをするためにはそれ相応の準備が必要であろうから、一周忌の準備の間も並行して狩りの準備が着々と進められていたことは間違いないであろう。

このように、「旧院御一廻の程は諸国狩猟を禁じらる」といいながら、それが終了するのを待ちかねたかのように実施されている点に、富士巻狩りの政治的意味を解く一つの鍵がある。このことを確認して、いよいよ富士巻狩りの本体についてみていこう。

「はじめに」でも指摘したように、このときの巻狩りは、信濃の三原野・下野の那須野、そして富士の裾野二カ所の巻狩りから構成されているが、『吾妻鏡』は三原野についてはほとんど記していないので、三原野・那須野の狩りと富士の巻狩りの二つに分けて検討することとする。

2 三原野・那須野の巻狩り

頼朝は、三月二一日、三原野・那須野の狩りを行うために出発したが、このときの様子が次のように記されている。

去るころより狩猟に馴れたる輩を召し集めらるところなり、その中、弓馬に達せしめ、又御隔心無きの族、二十二人を撰ばれ、各弓箭を帯せしむ、その外は万騎に及ぶと雖も、弓箭を帯せず、踏馬衆たるべきの由、定めらる、そしてこの後、江間四郎（北条義時）以下二二名の御家人の名前が列挙されている。

この狩りの準備は普通の狩りとやや趣を異にする。すなわち、参加の御家人全員が弓箭をもって狩りに参加するのではないのである。弓箭を帯びることができたのは、「弓馬」に優れ「隔心」（裏切りの心）がない者二二人だけであって、他に「万騎」が参加しようとも、それらはすべて「踏馬衆」にしかなれなかった。狩猟＝戦闘の技術の優劣もさることながら、頼朝に対する忠誠心を軸に二二名の御家人を選別し、他は武装すらさせないという差別的な処遇を採用している点こそ、この狩りの大きな特徴であった。

このような頼朝のパフォーマンスはまだ続く。狩りへ行く途中、二五日の武蔵国入間野での「追鳥狩」の際である。前述の二二人の一人藤沢清親が「百発百中の芸」を披露し、雉五羽・鶉二五羽を射落とした。頼朝は「御感の余り」、乗っていた「一郎」という名の馬を自ら引いて清親に与えている。これは、前九年合戦の後行われた「野遊び」で、清原武則がみせた「一箭を以て両翼を獲る」という妙技に感服した源頼義が、自ら馬を引いたという故事に倣ったものであった。『吾妻鏡』はこの清親を評して、「野において主人の感に預かる、弓馬の眉目、鳥を射るの興遊、ここにおいて極まる」と記している。

頼朝が源義経と奥州藤原氏を討滅した奥州合戦で、祖先の故事をたびたび用いたことは有名であるが[16]、この狩りの途中においてもそれを実施しているのが注目される。この一連のパフォーマンスに注目した高橋昌明氏は次のように評価している[17]。

入間野の「追鳥狩」は、よりすぐった戦士による模範戦技の展示とでもいうべき性格のものであろう。さらに、多数の武士には弓矢を持たせず「踏馬衆」という勢子の役割を与え、清親には「弓馬の眉目」と形容せられた栄誉をもって遇するという頼朝の態度からは、戦士の競争心と名誉心を煽りそれを自分に対する奉仕の情熱に転化させようとする政治家の怜悧な計算を読みとることができるように思われる。

的確な評価といえよう。問題はなぜこの時期にこのような形態の狩を行ったかであろう。

表9 三原野へ行くまでの宿名と武士団

宿名	警護に当たった武士団
入間川	国々の人々
大倉（蔵）・児玉	（武蔵）七党の人々
松井田	山名・里見の人々
碓氷の南坂	両国（信濃・上野）の御家人

これについては後で考えることにし、もう少し狩りの様子を追いかけてみよう。

『吾妻鏡』の記事は、入間野の「追鳥狩」の後すぐに那須野の狩りに入ってしまい、三原野の狩りについてはまったく触れていないが、『曾我物語』には、曾我兄弟が敵工藤祐経を討つ機会を探す情景とともに詳しく叙述されている。そこで注目すべきは、武蔵国関戸宿を皮切りに、行く宿々で「旅宿のならひ、ぬす人に馬とらるゝな」という理由で、「国〱の人々まい《(ゐ)》りて、辻がため」をきびしく行ったことが宿一つごとに記されていることである。それらを簡単にまとめると、表9のようである[18]。

真名本にはさらに詳しく人名まで記されているが[19]、ここではこれ以上触れる必要はないであろう。しかし、宿の警護を口実に武蔵を中心に信濃・上野の国々の御家人が動員されていることは明らかである[20]。その特徴は三原野から那須野に狩場を移すときにはまったくこのようなことが記されていないことによって鮮明になる。その移動を記す文章は「板鼻宿より宇都宮へいらせおはします、かの那須野ひろければ……」とあるだけである。三原野へ行く途中の警護と御家人の動員は特筆すべきことなのである。

四月二日、頼朝は那須野に入った。しかし、狩りの記述は簡単で次のように記されているだけである。

去夜半更以後、勢子を入れる。小山左衛門尉朝政、宇都宮左衛門尉朝綱、八田右衛門尉知家、各召しに依って千人の勢子を献ずと云々、那須太郎光助駄餉を奉ると云々、

あまりにも簡単で狩りの実態はまったく不明であるが、ここでは、勢子を出したのが小山朝政・宇都宮朝綱・八田知家の三人であったことが重要である。なぜならこの三人は、宇都宮氏が下野北部、小山氏が同南部、そして八田氏

が常陸西部に盤踞した関東を代表する有力御家人であったからである。しかし、この三人は前述の選ばれた二二人には入っておらず、ただ勢子を提供しただけであった。ここにおいても、狩りに出発する際の頼朝の「怜悧な計算」が貫徹していたと思われる。

二三日ようやく那須野の狩りを終えた頼朝は、那須野の狩りのために駿河国から運ばせた藍沢の屋形を運び戻させ、二八日には上野国の新田義重の新田館で遊覧し、そのまま鎌倉に戻った。約四〇日にも及ぶ旅程であった。

3　富士巻狩りとその影響

那須野から戻って間もない五月二日、頼朝は北条時政を狩倉の準備のために駿河国へ赴かせている。そのとき、先の三原野・那須野では武蔵・上野・信濃・下野・常陸の御家人が動員されていたのに対し、伊豆・駿河両国の御家人らの動員が命じられていることが注目される。そして八日、いよいよ富士野藍沢の夏狩りを覧ずるために鎌倉を出発した。那須野から戻ってわずか一〇日である。頼朝の意図は奈辺にあるのだろうか。

頼朝に共した御家人として「江間殿」＝北条義時以下約五〇名が列挙されているが、その最後に「その外、射手たるの輩の群参、勝計すべからず」と記されているように、今回の夏狩りは、三原野・那須野とは異なって、技術や忠誠心で射手を選ぶことはなかったようである。一五日には狩りの場を藍沢から富士西麓に移し富士野の「御旅舘」に入ったが、この日は「斎日」であったため狩りはせず、終日酒宴を行った、とある。この後、頼家が鹿を射止めたこと（一六日条）、山神矢口の祭を行ったこと（同日条）、曾我兄弟が「神野旅舘」で敵工藤祐経を討つことに成功したこと（二八日条）など、さまざま事柄が記されているが、すでに有名なことなので改めて取り上げることはしない。

ただ、この富士巻狩りで注目したいことは、頼朝の鎌倉還向が六月七日であるから、これがちょうど一カ月間に渡って行われたことである。三原野・那須野に出発したのが三月二一日であるから、一〇日ほどの「休み」を挟んで二カ月半に及ぶ狩りの挙行であった。これは、文治五年の奥州藤原氏討滅の三カ月強に匹敵する長さである。なぜ、この時期にこれまでの大規模な狩りを実施しなければならなかったか、である。

二つ目は、曾我兄弟の敵討ちの成功の影響である。この敵討ちの背景をめぐっては、北条時政の陰謀説や相模国御家人と時政を中心とする伊豆国御家人との対立説などいろいろな説が出されているが[21]、敵討ちが成功するやいなや、敵討ちの報を聞いて諸人が馳せ参じたりして「諸国物忩」という状況が生まれていることが注目される（五日条）。

なかでも動揺が激しかったのは常陸国で、狩りに参加していた常陸国久慈郡の輩が曾我祐成（兄弟の弟）の夜討ちを怖れて逐電し、所帯を収公されたり（六月三日条）、常陸国では多気義幹と八田知家という有力御家人同士の対立が生じ、最終的には多気義幹の所領が没収される事件も起こった（二二日条）。また、一二月一三日には、常陸国の住人下妻四郎弘幹が北条時政への「宿意」を根拠に梟首されている。

これらの事件をめぐっては網野善彦氏が詳細な検討を行っており、この背景には常陸大掾家と守護八田氏との対立があって、上記事件に関する記事の多くは大掾家に伝えられた「伝説」をもとに書かれた可能性が高いので、多気義幹の所領の行方に関する記事は除かれるべきである、と述べながらも、建久四年のこの事件が常陸国の有勢在庁の後退、守護の地位の確立に時期を画したことは明らかである、と結論している[22]。

網野氏の指摘のようにすべてを信用することができないにしても、常陸大掾氏を中心とする有勢在庁と守護八田氏との対立が曾我兄弟の敵討ちを契機に生じていることは見逃すことができない。そういえば、下野那須野の狩りに勢子の提出を求められたのが八田氏であったことも、この事件の伏線として考えられる。

話は変わって、これは敵討ちと直接関係ないかもしれないが、八月にはついに頼朝の異母兄弟の一人である範頼にも謀反の嫌疑が掛けられ、伊豆修善寺に流された後間もなく殺害されている（八月一七日・一八日条など）。このきっかけになったのは、範頼の家人当麻太郎が頼朝の寝所の下に潜んでいたところを捕らえられたことであるが（一〇日条）、それを召し禁じた一人が四日前に伊豆から呼び寄せられていた工藤祐経の弟宇佐美祐茂であったというのも因縁深い。しかし、この事件は明白な陰謀であったようで、当麻太郎の刑が頼朝の娘大姫の病気を理由に緩められ薩摩国に流刑になった際、『吾妻鏡』は次のような記事を載せている（一七日条）。

これ陰謀の構え上聞に達し畢んぬ。起請文を進ぜらると雖も、当麻の所行、宥され難きによって、この儀に及ぶと云々。

当麻太郎の事件が陰謀であったとはいえ、一八日には範頼の家人三人が成敗され、二〇日には曾我兄弟の兄祐成の「一腹兄弟」原小次郎が「参州（範頼）の縁座」により誅されている。

そしてさらに、一一月には富士川合戦以後長く遠江国守護として勢力を誇っていた甲斐源氏の安田義定が、子義資の罪の「縁座」によって失脚し（二八日条）、翌年八月には殺害されてしまった（一九日条）。このときの義資の罪もまた永福寺薬師堂の供養の際、参列していた女性の座に「艶書」を投げ込んだというものであった。これまた、安田義定を追い落とすための陰謀といわれてもしかたないであろう。

このように、曾我兄弟の敵討ちの後の鎌倉および関東には、理由は同じではないにしても、範頼を筆頭に初期の鎌倉政権を支えてきた有力な武士が陰謀にも近い口実によって次々と誅伐されるという、殺伐とした雰囲気が覆っていたことは間違いあるまい。

4 小括

以上、長々と富士巻狩りの様相を追いかけた。そこからわかるのは、まずこの巻狩りが後白河法皇の一周忌を待ちかねて実施されたことである。それは、すでに一周忌の四日前に那須光助に準備が命ぜられていること、そして一周忌の八日後にはすでに狩りに出発していることが如実に示していよう。それまでして頼朝にはやらなければならなかった事業だったのである。

第二は、三原野・那須野の狩りと富士巻狩りとの性格の違いである。前者は、高橋氏が的確に評価しているように、二二人の射手を武術と忠誠心とによって選び出し、それを梃子に武士の競争心と名誉心を煽り、それを自分に対する奉仕の情熱に転化させようとした一大示威運動であった。それは、入間野における頼義の故事を用いた藤沢清親のパフォーマンスにはじまり、三原野へ行く途中の宿々の警護に周辺国々の武士団を動員していたこと、そして那須野にあっては、下野・常陸の有力御家人である小山朝政・宇都宮朝綱・八田知家に狩りに参加するのではなく単に勢子を出すことを命じ、同じく那須氏には「駄餉」(旅行中の食事)の用意をさせていること、さらに狩りからの帰途には上野国豪族新田義重館を訪れていることにもよく現れている。まさに、この二カ所の狩りを通じて、関東の大小武士団の頼朝への忠誠心を確かめることこそ、頼朝の本来の意図であったというべきであろう。

後者富士巻狩りは、前者二者の狩りとは趣を異にしていた。伊豆・相模を中心とした武士団の動員を意図してはいるが、それだけでなく「その外、射手たるの輩の群参、勝計すべからず」と記されていたように、多くの武士団が参加し狩猟の技を競うという形態の狩りであった。その具体的な内容の詳細は不明であるが、そこで曾我兄弟の敵討ちが行われた後の混乱振りは常態ではない。とくに常陸国における政治的動揺、範頼の「謀反」をめぐる混乱、さらに甲斐源氏の雄で遠江守護であった安田義定の没落という事態が相次いで起こったことは、これ以外にも『吾妻鏡』が伝えない混乱と「粛正」があったことを想像させる。その想像は置くとしても、富士巻狩りおよび曾我兄弟の敵討ちのなかに何らかの政治的な意図があったと考えざるを得ない。それを北条時政の陰謀に関係させることにはまだ確信がないが、三原野・那須野の二つの狩りで関東の武士団の忠誠心を確認した上で、さらに実際の実戦＝狩猟という場での競争と敵討ちという戦場の恐怖感を利用して、再度振るいに掛けようとしたのではないかと考えたくなる。

総じて、富士巻狩りは、三原野・那須野・富士の裾野という関東の三カ所の境界で狩りを実施することを通じて、関東武士団の頼朝への忠誠心を確認し、さらにその忠誠心を実戦の場で再度確かめるという機能を果たしたということができよう。その結果、動揺分子と敵対する（可能性のある）勢力―源範頼と安田義定との排除に成功したのであった。これによって、鎌倉幕府の権力基盤である関東の武士・御家人に対する支配を改めて確立・確認することが実現したと評価できよう。もちろん、このような強硬な政治を行うことができた背景には、平氏そして義経と奥州藤原氏の討滅という「内乱」の覇者としての実績があったことはいうまでもない。

五　むすびにかえて

紙幅を費やしたわりには論旨はそれほど複雑でないので、第二・三節との関係で富士巻狩りが建久四年に大々的に行われた意味についてまとめて、むすびに代えることにしたい。

第二・三節で明らかにしたように、建久元年末の上洛によって「前右大将」という地位を得た頼朝は、翌二年正月から朝廷から公認された武家政権にふさわしい政治を展開しようと思っていたに違いない。正月早々「前右大将家政所吉書始」を行い、それまで使用していた「御判」の文書や「奉書」を召し返して「家御下文」に改めることを宣言し、さらに政所・問注所・侍所の家司、公事奉行人、京都守護、鎮西奉行人など、幕府の主要な職務を補任していることがそれを示している。そして、新しい武家政権の政治の一つとして、平氏そして義経と奥州藤原氏を討滅し、一〇年に及ぶ「内乱」を終結させ、全国平定を実現した実力を、源氏の政治的基盤である関東を中心とする武士団に改めて示すことを意図した武力的な示威行動がそのなかに入っていたと考えることはあながち間違いとはいえまい。

しかし、武家権力のシンボルである首都鎌倉の焼亡やその後の後白河法皇の死去という事態に直面し、武家政権の首領としてなによりも鎌倉の復興と法皇の追善に精力を傾けざるを得なかった。それは建久二年三月の大火から同三年五月八日の法皇の「四十九日」までの長きにわたった。

「四十九日」を終え改めて六月に「恩沢の沙汰」を実施し、さらに七月には征夷大将軍に任ぜられて、いよいよ積極的な政治に転換する条件が整った。それは六月初旬に御家人制と大番役の整備に深く関係する政所下文が発給されたり、八月以後矢継ぎ早に発給された政所下文の存在がそれを示している。しかし、政策的側面では積極策に転じることは可能であったが、肝腎の武力的な示威行動は「旧院御一廻の程は諸国狩猟を禁ぜらる」という制約もあって、それを経過しなければ実行に移すことができなかったのである。これが富士巻狩り直前の頼朝の心境ではなかったろうか。

頼朝の焦りは、法皇の一周忌を待たずに那須光助を派遣して狩りの準備をさせたり、一周忌の二日後には「藍沢の屋形等」を那須に運ばさせていることによく現れている。菱沼一憲氏がいうように、これらの狩りを実施するために交通網の整備も行われたとしたら(23)、その準備は並大抵のものではなく、一周忌後わずか八日で出発できるはずがない。「旧院御一廻の程は諸国狩猟を禁ぜらる」といいながら、その以前から着々と準備をしていたに違いないのである。

そして、建久四年三月二一日、頼朝はいよいよ三カ月弱におよぶ三カ所の狩りに出発した。その具体的な内容とその意義については第四節で詳しく検討したので、そちらを参考願いたいが、それは、単に関東の支配者として支配領域を示すとか、支配者であることを内外に示す、というような生易しいものではなかった。狩猟という武士にとって必須の職能を発揮する場を利用しながら、そこへ動員することを通じて、関東武士団の頼朝への忠誠心を確認するとともに、さらにその忠誠心を巻狩りという実戦の場で再度確かめるという、関東の武士団にとっては厳しい内容であった。高橋昌明氏が、三原野・那須野の狩りに出発する際の頼朝の態度を「政治家の怜悧な計算」と評したのは[24]、富士巻狩りを一貫する姿勢であったのである。

巻狩りの途中で曾我兄弟の敵討ちが起こり、実戦の場における恐怖感をより高めたこともあって、常陸国の武士団を中心に動揺が発生したり、その因果関係は不明だが、弟範頼の「謀反」を口実に没落させ、さらに甲斐源氏安田義定の討滅も実現した。これらの事件に象徴される一連の「恐怖」は、敵対者を滅亡させたという政治的効果だけでなく、頼朝への忠誠心の絶対性を御家人のなかに深く刻み込むことに成功したと思われる。

このことを通じて、頼朝は自分の「源家将軍」としての権威をいっそう強化するとともに、幕府の権力基盤である関東の武士団・御家人に対する確固たる支配を実現したのであった。ここにこそ、三カ月弱におよぶ大規模な富士巻狩りを実施した政治的な意味があったのである。

注

（1）石井進『中世武士団』（小学館、一九七四年）、五味文彦『吾妻鏡の方法』（吉川弘文館、一九八九年）、『静岡県史』通史編2　中世（一九九七年）など。

（2）『裾野市史』第八巻、通史編Ⅰ（二〇〇〇年）。『小山町史』第六巻、原始古代中世通史編（一九九六年）。

（3） 千葉「日本狩猟史の諸問題」（『狩猟伝承研究』風間書房、一九六九年、所収）。
（4） 注1石井著書。中澤克昭「狩猟と王権」（同『中世の武力と城郭』吉川弘文館、一九九九年、所収）にも同様な指摘がある。
（5） 川合「奥州合戦ノート―鎌倉幕府成立史上における頼義故実の意義―」（初出一九八九年、同『鎌倉幕府成立史の研究』校倉書房、二〇〇四年、所収）、同『源平合戦の虚像を剥ぐ―治承・寿永内乱史研究―』（講談社、一九九六年）など。
（6） 建久元年一一月九日付院宣（『吾妻鏡』同年月日条）。なお、以後の『吾妻鏡』からの引用は、事柄・史料などの年月日が『吾妻鏡』と同一の場合はとくに注記しないことをお断りしておきたい。
（7） 田中稔「鎌倉初期の政治過程―建久年間を中心として―」（初出一九六三年、同『鎌倉幕府御家人制度の研究』吉川弘文館、一九九一年、所収）
（8） 最近、『三槐荒涼抜書要』の翻刻と紹介を行った櫻井陽子氏は、そこに引用された『山槐記』建久三年七月の記事から、頼朝は「大将軍」を望んだのであって、「征夷大将軍」を望んだわけではない、朝廷では、「征夷」、「征東」、「惣官」、「上将軍」などのなかから「征夷大将軍」を選んだに過ぎない、という衝撃的な事実を紹介されている（「頼朝の征夷大将軍任官をめぐって―『三槐荒涼抜書要』の翻刻と紹介―」『明月記研究』第九号、二〇〇四年一二月）。この新しい事実に従うならば、当然『吾妻鏡』の該当箇所の再検討が必要になるが、この問題についていま言及する力量はない。大方の研究を待ちたいと思う。
なお、櫻井氏の論考の存在を含め、近年の鎌倉幕府をめぐる研究状況については、川合康氏の「鎌倉幕府研究の現状と課題」（『日本史研究』第五三一号、二〇〇六年）から多くの知見を得た。記して謝したい。
（9） 『吾妻鏡』建久三年八月五日条には、千葉常胤宛の同日付け「源頼朝袖判下文」が引用されている。
（10） 石井良助「鎌倉幕府職制二題」・「再び『征夷大将軍と源頼朝』について」（同『大化改新と鎌倉幕府の成立 増補版』創文社、一九七二年、所収）。
（11） 『源頼朝文書の研究 史料編』（吉川弘文館、一九八八年）。
（12） 上横手「建久元年の歴史的意義」（初出一九七二年、同『鎌倉時代政治史研究』吉川弘文館、一九九一年、所収）。
（13） 杉橋「鎌倉右大将家と征夷大将軍」（『立命館史学』第四号、一九八三年）。

(14) 注7田中「鎌倉初期の政治過程—建久年間を中心として—」。
(15) 六月の三通の「前右大将家政所下文」と「恩沢の沙汰」との間に問題がないわけではない。というのは「恩沢の沙汰」が行われた六月三日以前の六月二日の日付をもつ「前右大将家政所下文」が存在するからである（「松浦山代文書」『鎌倉遺文』五九三号）。この矛盾をいま解く手立てをもっていないが、杉橋氏も指摘しているように（注13「鎌倉右大将家と征夷大将軍」の注36）、「関東開闢皇代并年代記」が、「将軍家政所下文」ではなく、建久三年の「前右大将家政所下文」を政所下文の定式として掲げていることは（『鎌倉遺文』五九七号）、やはり六月に「前右大将家政所下文」の発給が行われたことの反映であると考えられよう。
(16) 注5川合『源平合戦の虚像を剥ぐ—治承・寿永内乱史研究—』。
(17) 高橋「武士の発生とその性格」（『歴史公論』第八号、一九七六年七月）。
(18) 『曽我物語』（『日本古典文学大系』、岩波書店）。
(19) 『真名本　曾我物語』1（東洋文庫、平凡社、一九八七年）。ちなみに、護衛に動員された武士団の名を宿ごとに記すと次のようである。

宿　名	武　士　団　名
関戸	本間・渋谷・三浦・横山・松田・河村・渋美・早川・稲毛・榛谷・江戸・州崎
入間川	仙波・河越・金子・村山
大倉（蔵）	平山・猪俣・本田・吉見・足立・柄子・野本
児玉	丹・児玉・久下・村岡・熊谷・中条・豊島・笠井（葛西）
山名・板鼻・松井田	山名・里見・小林・多胡・小幡・丹生・高田・瀬下・黒河
沓掛	大井・伴野・志賀・平賀・置田・内村

(20) 鎌倉幕府のなかに占める武蔵国御家人の特徴については、野口実「武蔵武士団の形成」(『特別展 兵の時代』横浜市歴史博物館・横浜市ふるさと歴史財団埋蔵文化財センター、一九九八年)、鈴木宏美「『六条八幡宮造営注文』にみる武蔵国御家人」(初出一九九八年、岡田清一編『河越氏の研究』名著出版、二〇〇三年、所収)などを参照されたい。
(21) 注1石井著書。『静岡県史』通史編2 中世、第一章第三節(杉橋隆夫氏執筆、一九九七年)。
(22) 網野「常陸国」(「常陸国南郡惣地頭職の成立と展開」一九六八年、を改題・一部修正して、『日本中世土地制度史の研究』塙書房、一九九一年に所収)。
(23) 菱沼「都市・政権の形成と物流」(『武尊通信』第九九号、二〇〇四年)。
(24) 注17高橋「武士の発生とその性格」。

第七章　建久六年頼朝上洛の政治史的意義

一　はじめに

杉橋隆夫氏が、鎌倉幕府創業期をめぐる研究は文治年間以前の時期に集中しており、それ以後の承久の乱までの期間の研究は希薄であるとし、建久年間の研究の重要性を指摘したのはいまから四〇年も以前のことである(1)。その後の研究動向は、文治年間以前に「集中」しているという状況はなくなったものの、依然その傾向は残存しているといってよいであろう(2)。

しかし、田中稔氏が的確に整理しているように(3)、鎌倉幕府支配体制の根幹を構成している御家人制・大田文制が制度的に整備されるのは建久年間、とくにその末期であった。詳しくは後に検討を加えるが、この田中氏の指摘は、杉橋氏のそれと同様に、鎌倉幕府創業期の研究が、守護・地頭制の展開や頼朝の征夷大将軍就任に至る過程など、頼朝権力が王朝権力内部における政治権力として確立する過程の研究に偏しており、幕府権力が具体的な全国支配のシステムを作り上げていった過程の研究が十分でなかったことを示している。もちろん、反乱軍からはじまった頼朝権力が、王朝権力との交渉のなかでその正当性と全国的支配権を獲得していく過程に関する研究が重要であることは当然であるが、その一方で、その正当性と全国的支配権を前提に、幕府の具体的な支配体制の確立過程に関する研究も同時に遂行されなければならないと考える。本章は、そのような観点から、頼朝権力ないし幕府権力の支配体制確立過程における建久六年（一一九五）の政治史的意義を考えてみようとするものである。

では、建久六年とは頼朝にとってどのような年であったか。年表風に振り返ってみると、文治五年（一一八九）に奥州藤原氏を討滅して全国的支配権を獲得した頼朝は、翌建久元年（一一九〇）には最初の上洛を果たして権大納言と右近衛大将に任じられた。そして建久三年には後白河上皇の死後、念願の征夷大将軍に就任することによって、その支配の正当性を確実なものにするとともに王朝権力の支配権力のなかに明確に位置づけられることになった。教科書的にいうと「名実ともに」鎌倉幕府が完成したのである。このような政治的安定を前提に、その倒壊直後から積極的に援助してきた東大寺大仏の再建供養のために、頼朝が二度目の上洛を実現したのが建久六年のことであった。

この上洛の目的が単なる大仏再建供養への参列でなかったことは、つとに杉橋氏が前掲論文で、近年では久野修氏が詳細な検討を行っている(4)。周知のように、杉橋氏は、その狙いの一つが頼朝の娘大姫の入内問題にあったことを明らかにしており、久野氏は大仏再建と頼朝の軍事的な役割を検討し、幕府もこの再建事業に関与することによって「秩序内存在として社会規範のなかに位置づけられた」と論じている。

しかし、両者ともこの上洛を王朝権力との関係という側面から論じており、この上洛がその後の幕府支配においてどのような意味をもったのかについては十分検討しているとはいえない。杉橋・久野両氏が明らかにした諸事実を含め、二度目の上洛と建久六年という年がもった幕府政治における意味について、両者とはやや異なった視点から考えてみたいと思う。

二　建久六年の「境迎え」

さて、具体的な分析に入るまえに、建久六年の上洛から帰鎌までの過程を四期に分けて簡潔に整理しつつ問題の所在を明らかにしておきたい。以下、年月日はとくに断らない限り『吾妻鏡』のものである。

頼朝の上洛は、その前年から着実に用意が進められていたが[5]、実際に鎌倉を出発したのは建久六年（一一九五）二月一四日のことであった。途中、比叡山の僧徒と行き違いもあったが、三月四日の夜には六波羅の「御亭」に入っている。そして五日後の九日には左女牛若宮と石清水八幡宮とに詣で、翌一〇日には東大寺大仏再建供養に参列するために直接宿所の東大寺東南院に向かっている（第一期）。

三月一二日には大雨・地震という悪天候のなか、再建供養に参列し、翌一三日にも「大仏殿」に参り、大仏再建を指揮した陳和卿に会おうとしたが、拒否されて会えず、一四日には京都に戻っている（第二期）。この二期の意味を検討したのが久野氏の論文である。

三月一五日から京都を出発する六月二五日までの三カ月余りが第三期である。頼朝はたびたび参内しながらも、その一方で後白河法皇の寵妃丹後局とその子の宣陽門院および院庁別当源通親への異常なほどの接近を繰り返している。その目的が大姫の入内工作のためであったことは杉橋氏のいうとおりであろう。しかし、頼朝の努力にもかかわらず、この目的は大姫の健康問題もあってあまり芳しい結論を得ることができなかったようで、六月二五日、頼朝は上洛時と同様の大規模な軍勢を引き連れて関東に向け出発した（第三期）。

以上のように、第一期は大きな問題がなかったし、第二期は久野氏が、第三期は杉橋氏が分析を加えているので、これ以上問題にすべき点がないように思われるが、私が注目したいのは、これまで検討されることがなかった鎌倉への帰路の期間の第四期である。それほど長い史料ではないので、その部分を日別に記すと以下のようである。

六月二八日　令着御于美濃国青波賀駅、相模守惟義献駄餉、相州美乃国守護也、

二九日　着尾張国萱津宿給、当国守護人野三刑部丞成綱進雑事云々、

七月　一日　熱田社御奉幣、大宮司範経、被奉龍蹄御剱等、引進御馬云々、

二日　於遠江国橋下駅、当国在庁并守護沙汰人等予参集、義定朝臣之後、国務及検断等事、就清濁、聊有令尋成敗給事云々、

六日　於黄瀬河駅、駿河伊豆両国訴事等条々令加善政給云々、

八日　申剋、将軍家着御鎌倉云々

このように頼朝は一三日間かけて鎌倉に戻っているが、そのとき注目しなければならないのは、途中の国々の主要な駅・宿で、当該国の守護や在庁官人などを集めて「雑事」や「成敗」などの沙汰を行っていることである。これらをまとめると表10のようになる。

最初の青波賀には「駄餉を献ず」としかないが、次の萱津では「雑事」が進められ、橋下では「国務及検断等事」が「尋ね成敗」されてていること、そして何よりも黄瀬河では「駿河伊豆両国訴事等」について「善政」が加えられていることから判断するならば、これらの宿駅で、それぞれ国の「国務及び検断」などについて頼朝自らが「善政」を行ったと理解することができよう。もちろん「駄餉を献ず」ることと「善政を加え」ることを一括して評価することはできないが、ここではそのような違いも含めて、この一連の頼朝の行為を「善政」と評価しておくことにしたい。

では、このような下向中における「善政」はたびたび実施されたのであろうか。実は逆で、頼朝の最初の上洛（建

久元年）の際の往復においてもこのような儀式を行ったという記載は確認されないし、(6)上記のように今回、建久六年の上洛に途中においてもなかった。さらに、四代将軍九条頼経の暦仁元年（一二三八）の上洛の際の往復の記事にもみられない。(7)すなわち、このような「善政」を帰路にあたる国々で繰り返し行ったのは今回のみの特別な行動であったのである。とすると、いままで問題にされてこなかったが、この一連の「善政」のもつ意味は意外に大きいといわざるを得ないであろう。

　では、頼朝は、鎌倉への帰路においてなぜこのような「善政」を繰り返し行ったのであろうか。その要因を考えるために、まず「善政」が行われた宿駅の所在地に注目してみよう。まず先の表から、鎌倉までの帰路としては三河国に関する記事がないことがわかる。伊豆国もないが、黄瀬河駅の「善政」では「駿河伊豆両国」と記されていたから、ここに伊豆は含まれていたと考えると、三河国だけが抜けていることになる。

　この点は後に考えるとして、次に一つ一つの宿駅の特徴を検討してみると、(8)青波賀駅は「青墓」とも書き、近江国から関ヶ原を越えて美濃国に入って最初の大きな宿駅であった。萱津宿は東海道と美濃道との分岐付近に位置し、これも交通の要衝であった。橋下駅は「橋本」とも書き、三河国から遠江国に入ってまもなくの宿駅で、浜名湖から太平洋に流れ込む浜名川に架けられた橋のたもとにあることからこの名がある。黄瀬河駅は駿河国と伊豆国とのほぼ国境を流れる木瀬川の西岸に位置する宿駅である。それぞれ平安時代末期から確認できる東海道中の重要な宿駅であった。

表10　鎌倉下向時の「善政」

美濃国	青波賀駅	守護大内惟義	駄餉を献ず
尾張国	萱津宿	守護小野成綱	雑事を進む
遠江国	橋下駅	在庁・守護沙汰人	国務及び検断等の事、清濁に就きて、いささか尋ね成敗せしめ給うことあり、
駿河国	黄瀬河駅		駿河伊豆両国の訴え事等の条々に善政を加えせしめ給う

ところでそれらの特徴であるが、実は尾張国の萱津宿を除くと、黄瀬河駅の場合が象徴的なように、他の三宿駅はすべて国境付近にあったことがわかる。青墓は近江と美濃の境、橋本は三河と遠江の境、黄瀬川は駿河と伊豆の境であった。国境における「善政」がまず第一の特徴である。そして、これらの宿駅に尾張の萱津を加えて並べてみると、近江から始まって美濃・尾張・三河・遠江・駿河・伊豆と、頼朝が鎌倉へ戻るとき通過するすべての国々が網羅されることになる。前に三河国がないことを記したが、以上のように考えると辻褄が合うのである。

そして、この「善政」は伊豆国で止まらず武蔵国まで組み込んでいた。鎌倉に戻って八日後の建久六年七月一六日条には武蔵国の国務についても取り決めが行われたことが記されている。『吾妻鏡』には次のようにある。

武蔵国務事、義信朝臣成敗、尤叶民庶雅意之由、就聞召及、今日被下御感御書云々、於向後国司者、可守此時之趣、被置壁書於府庁云々、散位盛時奉行云々、

平賀義信の成敗が民庶の意にかなっており、非常によいことなので、これ以後の武蔵国司も義信の成敗を守って国務を遂行するよう府庁に壁書を置くように、というのである。「民庶の雅意」を基準にしている点に、それまでの「善政」と同様の性格をみいだすことができる。すなわち、頼朝の「善政」は武蔵国まで及んでいたのである。

これによって、頼朝の一連の「善政」は近江国から武蔵国まで、東海道のすべての国々で実施されたことが明らかになった。

以上のように、「善政」が行われた宿駅のほとんどが国境付近や交通の要衝点であっただけでなく、それが重複することなく近江国から武蔵国までを含むように選ばれていたことを考えるならば、この帰路における「善政」は相当準備された意図的な行動であったと考えざるを得ないであろう。

ところで、国境における善政というと思い出されるのは、平安時代の国司が任国へ赴任するとき行われた儀式の「境

迎え」である。

周知のように「境迎え」は、「平安時代に新任の国司が都から任地へ赴任する場合、国府の官人らが国境まで出迎えて歓迎の酒宴を催すこと」であり[9]、国司の赴任から着任までの政務の心得を記した『朝野群載』の「国務条々事」には次のように記されている[10]。

一　境迎事

官人雑仕等、任例来向、或国随身印鎰参向、或国引卒官人雑仕等参会、其儀式随土風而已、参著之間、若当悪日者、暫返国庁、吉日領之

その具体的な内容は「土風に随え」とあったり、吉日を選んで実行せよ、などとあるが、やはりこの儀式で重要なのは国内支配の象徴である「印鎰」を随身することと、「官人・雑任等が参会」することが決められていることであろう。境迎えは新任国司が国務を掌握するために行った最初の儀式であったのである。

国境の宿駅で、当該国の守護や在庁官人の参会のもと「善政」が行われるという建久六年の頼朝の行為は、この「境迎え」の儀式を模倣したものであることは明らかである。頼朝はそれを鎌倉のある相模国まで連続して行い、さらに武蔵国までも延長して実施したのであった。

以上の分析から、建久六年の頼朝の鎌倉帰還は頼朝政権にとってこれまでにない政治的な一大示威運動（デモンストレイション）であったと評価することができる。建久六年は頼朝政権にとってやはり大きな意義をもっていたのである。

問題は、頼朝がこのようなデモンストレイションを実施した政治的要因は何か、である。実は、この頼朝の鎌倉下向時に行った「善政」が平安時代の「境迎え」を真似たものであったとしても、両者の間にはいくつかの相違点があっ

た。そこにこの政治的要因を考えるヒントがありそうである。

相違点の第一は、「境迎え」が「新任国司」が入国する際の行事であったのに対して、この場合は「新任」に該当する者がいない、ということであり、第二は、「境迎え」は当然一国のみで行ったのに対して、近江から相模・武蔵国まで東海道の国々すべてで繰り返している点である。そして第三は、その善政の場所が国衙や守護所ではなく宿や駅であったことである。これは平安時代の境迎えが国境であったことを引き継いだとも考えられるが、国境と宿・駅とは同じではない。推測の域を出ないが、頼朝が宿・駅で行った意味は、単に守護や在庁官人らだけではなく、広く民衆までにも（実際の彼らが参加したか否かは別として）頼朝の「善政」を披露する、知らしめることを意図していたのではないだろうか。とすると、問題はなぜこのときに頼朝の「善政」を披露しなければならなかったかである。

以上、頼朝の「善政」が「境迎え」に倣ったものであるとするならば、「新任」についての理解と、数カ国で実施したことと、「善政」を披露せざるを得なかったこととの理由を整合的に説明する必要があるように思う。

三　上洛と頼家の元服

そこで、もう一度頼朝が上洛に出発する際の記事に戻ってみると、頼朝の同伴者は「御台所并男女御息」とあったように、妻の政子、娘の大姫だけではなかった。長子頼家も同道していたのである。しかし、上洛およびその期間中における頼家の位置については、これまでほとんど問題にされておらず、河内祥輔氏が注2の『頼朝の時代一一八〇年代内乱史』で、この上洛は頼家の後継者としての「御披露目」でもあった、と記し、入間田宣夫氏が頼家も参内したことについて、「天皇との会見によって、鎌倉殿の後継者としての存在を内外にアピールする。そのよう

表11　建久6年3月～6月の頼朝らの行動

建久6年	
3/16	宣陽門院へ参る
20	禁裏に馬二〇疋を進む
27	参内
29	丹後局を六波羅亭に招く、政子・大姫ら対面
30	参内、九条兼実と会う
4/3	頼朝・政子・大姫ら、密かに清水寺ら霊地を巡礼
10	参内、兼実と対面・談話
15	石清水社に参る、頼家同車
17	丹後局、六波羅亭に参る、政子・大姫ら対面
21	参内、宣陽門院へ参り長構堂領七ヵ所の復活を約す
22	参内
24	長構堂領七ヵ所を治定
5/10	熊野別当が頼家に甲を献上、頼朝対面、殊のほか喜ぶ
20	天王寺に参る、政子同道
22	参内、兼実と対面・談話
6/3	頼家、参内、弓場殿で剱を賜る
8	参内
18	政子、大姫ら、密かに清水寺ら霊地を巡礼
24	頼朝・頼家参内、関東下向の暇を申す
25	関東下向

な演出効果が期待された」と述べている程度である。[11]

しかし、上洛中の頼朝らの行動に関する記事を追ってみると、杉橋氏の研究の影響もあって、大姫問題に関する記事が多いように考えられがちだが、実は頼家に関する記事も存在したのである。この点に注目して上洛中の記事を検討してみることにしたい。

まず、第一・二期の上洛から東大寺大仏再建供養への参列そして帰洛までは、再建供養事業の大檀那としての頼朝中心の記事であり、久野氏がいうように、これによって王朝権力内部における鎌倉政権の位置づけが明確になったのであった。

問題は第三期の在京中の行動である。『吾妻鏡』にしたがって整理すると表11のようである（主語を記していないのは頼朝の行動である）。

大姫と頼家の行動に注目してみると、東大寺から帰洛後は、頼朝・政子・大姫らの宣陽門院・丹後局らとの接触に関する記事が多い。これが大姫入内工作に関連することはたびたび指摘した。しかし、四月下旬になって宣陽門院が後白河法皇から譲られた長講堂領七カ荘の復活が「治定」されて以後は、宣陽門院・丹後局らとに関する記述はまったくみられなくなる。

それに対して、五月以後は、事例は少ないが頼家の記事が目立つようになる。まず、五月一〇日に熊野別当が頼家に「御甲」を献上しているが、頼朝は対面するだけでなく「殊令喜給」と記されるほどの喜びようであったことがわかる。さらに注目されるのが、六月三日条である。そこには

　将軍家若君一万公、布衣、歳十四、御参内、駕網代車給、左馬頭隆保朝臣相具、為加扶持也、
　　供奉人（一二名略）
　於弓場殿、被賜御劔、宰相中将忠経伝之云々、

と記されていた。『吾妻鏡』の頭注は「頼朝参内」とあるが、この記事は、『大日本史料』の当日条の綱文が「源頼家参内ス」と記しているように、明らかに「若君　一万公」＝頼家の参内に関する記事であった。「将軍家と若君」とも読めないではないが、「左馬頭隆保朝臣相具す、扶持を加えんがため也」と記されているように、頼朝と従兄弟関係にある源隆保(12)が参内の「扶持」をしていることから判断して、やはりこれは頼家の参内と理解した方がよいであろう。頼家は頼朝を伴わず一人で天皇に謁見したのであった。

その上でここで注目すべきは、頼家の割り注にわざわざ「歳十四」と記されていることと、参内した頼家が弓場殿で天皇から「劔」を賜っていることである。この「歳十四」という注記が頼家の元服と関連すると考えることは可能ではないだろうか。そして天皇との謁見と劔の下賜という状況から推測するならば、これが頼家の元服の儀式の意味合いをもっていたと理解できると思うのである。頼家の元服は天皇の認知（謁見と劔の下賜）によって実現したのであった。そうすると、前述の熊野別当の「甲」の献上も頼家の元服に関連するものであったと考えられる。だからこそ、

頼朝は「殊に喜んだ」のであろう。

頼家の元服を裏付けてくれる事実が存在する。それは、上洛を終え鎌倉に戻ってから一二日後の七月二〇日条の記事で、そこには頼家の「御厩立」がはじめて行われたことが記されている。

廿日壬寅、若公御方御厩始立、御馬三疋、比企藤二奉行之、所進人々者、態被撰仰之云々、
一疋黒駮　千葉介常胤進
一疋鴾毛　小山左衛門尉朝政進
一疋河原毛　三浦介義澄進

頼家の「御厩立」はじめに際して鎌倉幕府の有力御家人である千葉常胤、小山朝政、三浦義澄の三人が三匹の駿馬を進上している。彼らは、頼朝が「わざわざ撰び仰せられた」人々であった。頼家自身の厩の設置、そして頼朝が選んだ千葉・小山・三浦という有力御家人からの駿馬の献上、これこそ武門の棟梁である「鎌倉殿」の継承者の元服儀礼としてふさわしい行事であると考える(13)。

このように、頼家の元服は、上洛中の熊野別当からの甲の献上、そして天皇との謁見と剱の下賜、さらに本拠地鎌倉における自身の御厩はじめと有力御家人からの駿馬の献上という一連の行事をもって完結したのである。

ところで、これまでは、頼家の元服問題に焦点をあてて検討してきたので、ただ頼家の元服が天皇の認知によって実現したと述べてきたが、これはもっと大きな意味をもっていた。なぜなら、それは、頼家の元服が認知されたということは鎌倉殿の後継者としての頼家の地位も天皇によって認知されたことを示しているからである。

頼朝＝鎌倉殿の後継者の元服と後継者としての地位が、天皇の認知によって成立したことの国家史的な意味については後節で改めて考えるとして、頼朝政権にとって、建久六年とは頼朝の後継者の決定という重要な意味を持った年

であったのである。

以上の分析が認められるとすれば、建久六年の上洛に際して、頼朝が目的としていたのは以下の三点であったということができよう。一つは、東大寺大仏再建供養に参列、二つ目は大姫入内問題、そして三つ目は、本節で検討した頼家の元服問題である。大姫問題が途中でとん挫してしまったことを考えるならば、頼家の元服問題こそ、これ以後の幕府政権において重要な意味をもったことは明らかである。天皇からの剱の下賜がその当初から予定されていたのか否かは確定できないが、図らずもこれによって頼朝政権の後継者と彼の元服とが一挙に天皇から認知されるという形で決着をみたのである。頼朝の目的の一つは予想以上の成果を得ることになった。

ここまでくると、前節で検討した「建久六年の境迎え」の政治史的意味も明白であろう。「新任国司」に該当するのは天皇から認知された後継者頼家のことであり、東海道の国々すべてで境迎えの「善政」を行ったのも、頼朝政権が東海道を政権の基盤としていたためであった。そして、そのような新任の後継者を広く披露する、知らしめるためにも宿・駅という交通の要衝が選ばれたのである。これが前記のような一大示威行動を行う要因であった。

とすると、『吾妻鏡』は明記していないが、建久六年の一連の「境迎え」は頼朝の「善政」だけではなく、新しく認知された後継者頼家の「善政」をも広く示すためであって、それによって鎌倉殿の後継者頼家を幕府権力の重要な政治的基盤である東海道の国々に「御披露目」するためであったと考えることも可能であろう。

四　建久六年以後の幕府支配体制の整備

次に建久六年の政治史的意義を確定するために、建久六年以後の鎌倉幕府の諸政策を概観しておこう。そのとき参考になるのが前掲の田中稔氏の研究である。氏は、幕府支配体制の整備を守護制度と御家人制の整備の二側面から検討して、次のように述べている。

まず守護制度についてであるが、氏は『吾妻鏡』建久三年六月二〇日条およびそこに引用されている同日付けの美濃国御家人宛「前右大将家政所下文[14]」を分析し、この下文が「国内の武士等をして御家人たるか否かの去就を明らかにせしめると共に、御家人たる者に対しては守護の催促によって大番役を勤仕すべきことを定めたものである」ことを確認した上で、佐藤進一の仕事を援用しながら[15]、「美濃国において守護の大番役催促権（平時の軍役指揮権）が授権されたのはこの時と考えられている」と評価する。そして、和泉国で守護に大番催促権が付与されたのが建久七年一一月のことであることや[16]、若狭国や北陸道諸国、備後国大田荘などの例を検討して、「守護制度が整備確立されたのは建久元年、頼朝が日本国総守護職に補任された直後ではなく、それより稍降って建久三年、法皇が死んだ以後の建久年間であった」と結論する。

また、御家人制度に関しては、鎮西の場合、建久四年ないし六年以後の武藤資頼のとき「大宰府現地機構の最上位に位し」て鎮西奉行としての地位を獲得した。そして同じころに武藤・大友氏とともにそれぞれ三カ国ずつの守護職に任命された島津忠久は、建久八年一二月に内裏大番役勤仕のための薩摩国御家人の交名を注進させ[17]、さらに翌年三月には大隅国御家人交名を作製していること[18]、さらに建久八年五月には、大宰府守護所が九国に対して図田帳（大田文）の作製を命じ、各荘郷毎に田数のみならず地頭以下をも注進させていることなどから[19]、「かくの如く建久年間、特に建久三年以後頼朝は鎮西御家人の掌握に力を入れ、更に建久末年頃に至っては大田文の作製し地頭御家人の所領をも明確に把握しようとするに至った」と評価する。

そして、このような傾向は鎮西だけの現象ではなく、建久三年には美濃・丹波両国で[20]、同七年には若狭国[21]、八年には但馬国[22]、建久年間には和泉国においても国御家人の交名を注進させていることから、「鎮西のみならずその他の西国諸国においても建久三年頃以降の建久年間に御家人交名が注進せしめられたものと考える」と評価している。[23]

やや紹介が長くなったが、田中氏の研究の特徴は、後白河法皇の死を政治史的に高く評価する意図から、「建久三年以降の建久年間に整備がすすむ」と「建久三年」の画期性を強調する点にある。しかし、建久三年に守護制度と御家人制の整備が実施された美濃・丹波両国が、氏もいうように「後白河院分国」であり、両国における守護制度の強化が法皇の死後間もなくであったことなどを考慮すると、この両国の事例を基準に評価することには躊躇せざるを得ない。その実施時期が一番早く確認できる和泉国と若狭国の場合がそうであったように、やはり建久七年以後に整備が本格化したと評価した方がよいのではないだろうか。

その傍証になると思われるのが武蔵国の国検の実施時期である。『吾妻鏡』承元四年(一二一〇)三月一四日条には、

被造武蔵国田文、国務条々更定之、当州者、右大将家御代初、為一円朝恩、所令国務給也、仍建久七年、雖被遂国検、未及目録沙汰云々、

とあって、武蔵国で建久七年に国検が実施されたことがわかる。守護・御家人制だけでなく、大田文体制の初発も建久七年であったのである。

ところで、最初の国検が建久七年に武蔵国で行われたことの意味は大きい。なぜなら、一節で指摘したように、頼朝が改めて武蔵国の国務を確認したのが建久六年のことであり、それは建久六年の一連の「善政」の一環であった。そして、その翌七年に武蔵国の国検が実施されているのである。このような政治過程と時間的経過を勘案するならば、建久七年の武蔵国国検も建久六年の「善政」を前提に実施されたと理解できるのではないだろうか。

以上、守護制度と御家人制度および大田文体制の本格的整備の時期について、田中氏の仕事を参考に検討してきた

が、それらの本格的整備が開始される時期は、田中氏の意図とは違って、建久七年であったと評価し得よう。そして、その契機となったのは、武蔵国の国検の実施をめぐって論じたように、やはり建久六年の「善政」であったと評価すべきではなかろうか。

五　建久六年の政治史的意義

以上、建久六年頼朝上洛の政治史的意義を、今までほとんど論じられてこなかった頼家の元服問題に焦点をあてて考えてみた。しかし、この頼家の元服問題を全体的な政治過程のなかで評価するためには、建久六年という年がもっていた他の二つの政治問題、すなわち頼朝の東大寺大仏再建供養への参列と大姫入内問題との関連を整合的に説明する必要があろう。ふたたび杉橋・久野両氏の研究を参照しながら、三つの政治問題の意義とそれらの関連について考えてみよう。

まず、順序は逆になるが大姫問題から始めよう。しかし、この問題はすで杉橋氏が詳述しており、本稿中でもこれが芳しい結論を得られなかったことについては述べたので、これと関連すると思われる頼朝の征夷大将軍辞任問題を取り上げてみたい。

頼朝が、後白河法皇の死の直後の建久三年七月一二日に待望の征夷大将軍に任命されたにもかかわらず、それから二年後の建久五年の秋にそれを辞任していることはすでに石井良助氏が検討を加えている(24)。詳細は氏の論考に拠られたいが、氏が第一の論拠とした「将軍家政所下文」の形式の変化——①建久元年（権大納言・右近衛大将補任、直後辞職）以後は「前右大将家政所下」の形式、②建久三年（征夷大将軍補任）以後は「将軍家政所下」に変化、③さらに建久五年の半ばごろより頼朝の死去に至るまではふたたび「前右大将家政所下」に戻る[25]――から判断して、建久五年の秋ごろに征夷大将軍は辞任していることは間違いないとする。そして第二に、「公卿伝」という写本（「異本公卿補任」）の頼朝の条に、

同〔建久三〕年七十二為征夷大将軍、同五年十十七辞将軍、同年十一十七重上状、同年十二月日被返遣辞状

とあることを発見し、頼朝が建久五年秋に二度にわたって征夷大将軍辞任を申し出ていること、しかし、朝廷側はその辞状を一二月に返していることを明らかにした上で、「朝廷側では辞表の返還によって頼朝の辞職願を却下したものと解した」と解している。すなわち、氏の評価は「頼朝が建久五年に征夷大将軍を辞職したと解するも楯の一面、辞職しなかったと解するも楯の一面、そのいずれをとるも、これを絶対的誤謬となしえないと同時に、そのいずれもがまた事の真相を捉えたものということをえ《マヽ》ない。解決の要点はただ両者の折衷にのみ存するのである」ということになる。

これに対して杉橋氏は、頼朝・幕府にとって「征夷大将軍」職が有していた高い政治的意義を確認した上で、なお頼朝が辞任を要請をした意味を次のように評価している[26]。すなわち、「ある程度の期間、一つの官職に留まった者が一応の辞状を表す行為は、古来よく見られた行為」であり、「むしろ『三譲』の慣行に鑑みるならば、頼朝が上表を二度に止め、三度目の辞状を捧呈しなかった事実の方が意味深いので」あって、これは「はじめから朝廷の留意を予期したうえのこと」だったのであり、「たとえ彼が将軍家の称を止め、前右大将を自称しても、それは『謙称』というべきであって、正式には同職を維持したことに相違ない」と。

関連史料も少なく、かつ微妙な問題でもあるので軽々に判断はできないが、「慣行」であったとしても頼朝が建久五年秋に征夷大将軍を辞任しようとしたこと、その後幕府の発給文書で「前右大将家」を自称していることは間違い

ない。そして、この両者が密接に連関していたとするならば、実際に辞任したのか否かという問題も含めて、征夷大将軍辞任問題は建久五年秋から建久六年の政治過程のなかで考えられなければならないであろう。

では、なぜ辞任したのであろうか。石井良助氏はそれが「元来常置の職ではなく、臨時の職であったから」だと評価し、それを受けた石井進氏は、大姫問題も勘案しながら「法皇の旧側近、丹後局—通親ラインへの接近の手みやげ」であったと理解している(27)。それに対して杉橋氏は、大姫の入内計画が建久二年ごろから進行していたことなどを根拠に、このときの辞任は「偶然」であった、と評価する。

しかし、文書様式の変化を伴っていることを考えると、単なる偶然とは理解しにくいのではなかろうか。私は、田中氏が丹後局などと接近を図ったのは「大姫を入内せしめ、あわよくば外戚の地位を得んがための布石であった」と指摘していることと、石井良助氏の征夷大将軍は臨時の職に過ぎなかったという指摘を重視して、次のように理解したい。

すなわち、征夷大将軍という職は令外の官＝臨時の官であり、その歴史性から幕府＝頼朝の「武威」を示すには重要な官ではあったが、天皇の外祖父の地位としては不十分であった。そこで、大姫の入内を実現する上ではそれを辞任し、いくら前任であっても律令官制に明確に規定されており、かつ王朝権力内部において武門のトップに位置する「前右近衛大将」の地位の方が外祖父としてふさわしいと考えたに違いないと(28)。上洛前の頼朝は大姫の入内にそれなりの成算があったのであろう。しかし、この目論見は残念ながら実現しなかった。そこで一躍クローズアップしてきたのが頼家の元服問題であったのではないだろうか。

話が先に行き過ぎたが、上記のような目論見のもと上洛した頼朝は、早速再建開始期から多大な経済的援助を行ってきた大仏再建供養に参列した。しかし、久野氏の詳細な検討に基づくならば、供養の「大檀越」、「供養ノ総奉行」

などと賞された頼朝であったが、大雨のなか毅然として供養を警備する頼朝の軍隊の雄姿[29]に比べると、供養当日の彼の行動および位置はあまり明確でないという。氏は諸史料の分析から頼朝が中門より内に入れなかったことを明らかにした上で、「東大寺の供養の実際の場において頼朝が占める位置は必ずしも大きいものでな」く、「戦後の秩序形成や平和の再建ということでは、建久六年に至ってもなお幕府の立場は王朝権力に及ばない状況にあった」と評価している。そしてその上で、「守護の善神」といわれた頼朝の軍隊が警護したのは法会の厳重であって、そのために東大寺大仏に切実な願望を寄せる「雑人」の熱狂的な乱入は排除され、彼らは供養の盛儀から疎外されることになったと指摘し、次のようにまとめている。

幕府は王朝権力の意向を受けつつ、民衆の逸脱・混乱から法会の厳重を守護する存在として畿内の寺社勢力とのスタンスをとり、仏法擁護者として社会の平和と正義を守る権力として、自己の暴力を正当化した

これによって大仏再建供養における頼朝権力の位置が明確になった。問題は、なぜ頼朝がこのような立場をとったかである。久野氏のいうように「王朝権力に及ばない地位にあった」ことも事実だと考えるが、それだけであったのだろうか。

このような疑問をもつのは、三節で年表風に整理したように、再建供養から帰洛した頼朝はその二日後から王朝権力と精力的な政治的交渉を行っているのにもかかわらず、鎌倉から上洛した直後はまったく行っておらず、参内すらしていないからである[30]。この落差は奇妙である。

そこで考えられるのが、征夷大将軍職辞任という政治的状況のもとで、大姫問題・頼家元服問題に関して王朝権力との交渉を進めるにあたって、何よりも大仏再建供養への参列が必要であり、再建供養において頼朝権力の立場を明確に示す必要があったからではないかということである。久野氏がいうように、「仏法擁護者として社会の平和と正

義を守る権力として」自らの権力を明確にするとともに、「南都の再建に代表されるような、仏法の興隆」に「関与することによって」、幕府を「秩序内存在として社会規範に位置づけ」ることが必要であったのではないだろうか。頼朝は、「守護の善神」としての自分の軍隊の徹底した警備を披露する一方、供養本番においても中門にすら入らない自分とを鮮明に浮かび上がらすことによって、王朝権力内部における自らの権力の位置を示したのであった。当時の頼朝にとって、自分の地位が「前右近衛大将」であるということを王朝権力に向かって象徴的に示す必要があったのである。(31)

大仏再建供養において、王朝権力のなかにおける自らの位置を明確にした頼朝は、帰洛後積極的に大姫入内問題と頼家元服問題に取り組んだ。その結果、何度も述べてきたように、前者は芳しい成果をあげられなかったものの、後者は頼家個人の天皇との謁見さらに剱の下賜とによって元服が認知されるいう大きな成果を得ることができた。

このように考えられるならば、建久五年末から六年にかけての頼朝の政治行動は、征夷大将軍の辞任、大仏再建供養における「前右近衛大将」としての地位の確認、その地位を前提とした大姫入内交渉、それが行き詰まると天皇による頼家の元服と後継者としての認知、という一連の政治過程として理解できよう。

もし、以上のような政治過程として理解してもよいとするならば、頼朝の意志としては、石井良助氏のいうように、征夷大将軍は辞任していたと考えることができよう。(32)

そして、その成果を背景に、関東下向時の国々で繰り返された頼朝―頼家の「善政」、さらに幕府内部での元服式＝「御厩立」の挙行とによって、頼家の鎌倉殿後継者としての地位は揺るぎないものになった。さらに、頼家の後継者としての確立は、頼朝の権威によって支えられてきた幕府権力が頼朝と頼家＝源家を中核とした新たな鎌倉幕府体制へ展開したことをも意味したのである。このような頼朝・頼家＝源家による幕府掌握の確立の上に、建久七年以降、守護・御家人制度の本格的な整備と大田文体制の整備が展開されたのであった(33)。

以上によって、建久六年という年が鎌倉幕府の新しい段階を画する年であったことは明らかであろう。私は、頼朝を中心に内乱を勝ち抜いてきた一つの政治権力としての幕府から、源家を中核として政治支配体制を整えた本格的な政治権力としての幕府へ変化する大きな画期であったと評価したいと思う。その変化の重要な契機が「頼朝の上洛」であり、そこで実現された頼家の元服であったことはいうまでもない。ここに建久六年の頼朝上洛の政治史的意義がある。

しかし、以上のような政治過程の理解は頼朝の意図に沿って評価したものに過ぎない。この過程を当該期の全体的な政治史のなかで評価するためには、これらを幕府権力及び王朝権力との関係のなかにもう一度位置づけ直すことが必要となろう。

まず第一は、幕府内部との関係、すなわち頼家の元服の儀式＝鎌倉殿の後継者の決定が天皇の認知からはじまったことの幕府内部における政治的な意味である。

頼朝＝幕府権力発展史観的色彩の強い当該期の『吾妻鏡』の記事は何も語らないが、私は、頼家の元服がこのような形態をとったのは、この時期においても幕府内部における源家の支配権＝権威が確立していなかったためではないかと考える。もちろんここでいっているのは、頼朝のそれではなく、内乱のなかで確立した頼朝の権威＝地位がストレートに源家の嫡流である頼家に引き継がれるという了解は幕府内部ではまだ確立していなかったのではないか、ということである。天皇の認知からはじまって東海道下向時の計画的な大デモンストレイション、さらに、有力御家人からの駿馬の献上という形態をとった「御厩立」という経過は、頼家の元服と後継者としての認定が、頼朝の主導によって政治的に運ばれたと理解せざるを得ないのである。

具体的に頼家の後継者決定に反対する勢力がいたか否かについては確定できないが、頼家の元服が、他の将軍、実朝や頼経・頼嗣などのような幕府内部の儀式として行われずに、天皇の認知からはじまっていることは、源家嫡流による鎌倉殿の継承というルールが幕府内部でまだ未確立であったことを示していると考える。その意味では、「数万騎」ともいわれた御家人たちが京都に逗留している状況のなかで、頼家が天皇と謁見し直接認知されたことの政治的意味は大きい。これによって、後継者＝頼家という事実が御家人たちのなかに一挙に周知されることになったからである。頼朝は「代替わり」のための最高の条件を調えることに成功したのである。

内乱を勝ち抜いてきた頼朝権力が、カリスマ頼朝の権力から脱却して源家を中核とした組織的な権力へと、すなわち源家の嫡流が代々鎌倉殿を継承し、それを中核に組織的・体制的に整備された権力＝幕府へと展開することが可能になったといってもよいであろう。これこそ頼朝にとっては「内乱の終焉」を意味したのであり、初代の鎌倉殿としてはどうしてもやり遂げなければならなかった課題であった。

しかし、このような天皇権力を利用した頼朝主導の後継者の認定は、頼朝の死後、幕府内部に矛盾を惹起させたと考えられる。頼家・実朝二代の将軍の期間に起きた幕府内部の混乱の一因がこの「代替わり」の認定方法にあったのではないかと考えているが、その解答は今後の課題である(34)。

第二は、頼家の元服問題から読みとれる幕府と王朝権力との関係である。これは、久野氏が大仏再建供養における頼朝の行動を分析して、「戦後の秩序形成や平和の再建ということでは、建久六年に至ってもなお幕府の立場は王朝権力に及ばない状況にあった」と評価していることが正鵠を射ているであろう。

御家人の編成、守護地頭の設置、幕府組織の整備そして征夷大将軍への就任と、内乱のなかで武人政権としての支配体制とそれを支える武威の確立を着実に実現してしてきた頼朝であったが、この段階の幕府は、まだ頼朝の個人の権威に依拠する側面が強く、まだ独自の権威と確立した支配体制を備えた権力体としては未熟であった。内乱に勝利した一政治権力からようやく王朝権力に認定された武人政権としての位置を得たに過ぎなかった、というのはいい過ぎであろうか。だからこそ、武人政権の安定的な継続のために、天皇の権威までも利用して頼家の元服を実現しなければならなかったのであり、その実現を前提に幕府支配体制の根幹である御家人体制と大田文体制の整備を急がなければならなかったのである。

これまでの草創期の幕府論は頼朝権力論としての傾向が強く、武人政権としての幕府が権力体としていかに組織的・体制的に維持・継続させられたのか、という視点が弱かったように思う。幕府が王朝権力から独立した権力であるか否かなどという議論は、頼朝段階だけで云々できるものではない。幕府という権力体を維持し継続させた論理と構造とが明確になった段階ではじめて可能な議論なのではないだろうか。その継続性を一番切実に感じていたのが当の頼朝だった。そして、それを実現しようとしたのが建久六年の頼朝の上洛と頼家の元服だったのである。

しかし、頼朝のこの政治的な意図も彼の予期せぬ死によってとん挫してしてしまい、逆に将軍継承をめぐる混乱を惹起してしまったことは前述のとおりである。その意味では、幕府体制の政治的・制度的安定は承久の乱を経過しなければ実現できなかったといえるのかもしれない。

注

(1) 杉橋「鎌倉初期の公武関係」(『史林』五四巻―六号、一九七一年)。

(2) 近年の源頼朝論に関する以下の研究でも、建久末年まで視野に入れたものは皆無である。河内祥輔『頼朝の時代 一一八〇年代内乱史』(平凡社、一九九〇年)、山本幸司『頼朝の精神史』(講談社、一九九八年)、関幸彦『源頼朝 鎌倉殿誕生』（PHP研究所、二〇〇一年）などを参照のこと。また山本幸司『頼朝の天下草創』（講談社、二〇〇一年）でも十分扱われていない。

（3）田中「鎌倉初期の政治過程―建久年間を中心として―」（初出一九六三年、同『鎌倉幕府御家人制度の研究』吉川弘文館、一九九一年、所収）。

（4）久野「東大寺大仏の再建と公武権力」（初出一九九四年、同『日本中世の寺院と社会』塙書房、一九九九年、所収）。

（5）『吾妻鏡』建久五年一二月一七日条など。

（6）頼朝が鎌倉を発ったのは建久元年一〇月三日であり、京都を出たのは同年一二月一四日のことである。

（7）頼経が上洛のため鎌倉を発ったのは暦仁元年正月二〇日であり、下向のため京都を発ったのは同年一〇月一三日のことである。

（8）以下の宿・駅に関しては『角川日本地名大辞典』（角川書店）の各県の項目を参考にした。

（9）『国史大辞典』「境迎え」の項（吉川弘文館）。「境迎え」は青木和夫『古代豪族』（小学館、一九七四年）に詳しい記述がある（「受領の赴任」）。

（10）『朝野群載』巻二二「諸国雑事上」（「新訂増補国史大系」29上、吉川弘文館）。

（11）入間田『武士の世に』（集英社、一九九一年）。

（12）源隆保は村上源氏の出身で、母が熱田大宮司季範の娘であることから、同じく季範の娘を母としている頼朝とは従兄弟の関係になる。頼朝の妹を妻としていた京都守護一条能保とも親しく、頼朝が上洛後六波羅邸に入ると翌日早速対面しており、その後の頼朝の行動にも付き従っている。

（13）この「御厩立」が元服の儀式であることを明確に証明する史料はないが、これ以後の将軍や北条氏の元服の事例を調べてみると、次にいくつか例示するように、引出物とか進物として劔・甲（鎧）・馬が献上されることが多い。頼家の場合も、一度に行われたわけではないが、熊野別当からの甲、天皇からの劔、有力御家人からの馬という組み合わせになっており、これら一連の行事が元服の儀式を構成していたと考えたいと思う（出典はいずれも『吾妻鏡』）。

①源実朝＝建仁三年一〇月八日
其儀・理髪・加冠、「次奉鎧御剱御馬」。
②藤原頼嗣＝寛元二年四月二一日
「嘉禄（藤原頼経）の例を用いる」
其儀・理髪・加冠、「献御引出物」―剱・馬三匹
「次進物」―剱・弓征箭・刀・鎧・羽・砂金
③北条経時＝文暦元年三月五日
其儀・理髪・加冠、将軍家よりの「被進御引出物」―剱・鎧・馬
④北条時頼＝嘉禎三年四月二二日
其儀・理髪・加冠、「被進御引出物」
「役人」―剱・調度・行縢・甲・馬
「駿河前司」―剱・馬
「将軍」―剱・調度・甲・馬

(14)『鎌倉遺文』五九六号文書。
(15)佐藤『増訂　鎌倉幕府守護制度の研究』（東京大学出版会、一九七一年）。
(16)建久七年一一月七日前右大将家政所下文案（『鎌倉遺文』八八一号）。
(17)建久八年一二月二四日付けの三通の「内裏大番役支配注文」が現存する（『鎌倉遺文』九五四号・九五五号・九五六号）。
(18)建久九年三月一二日大隅国御家人交名（『鎌倉遺文』九六九号）。
(19)建久八年閏七（六）月日大隅国図田帳写（『鎌倉遺文』九二四号）には、
右、今年去五月廿二日守護所牒六月二日到来偁、欲任　鎌倉殿御教書旨在庁参上、注進当国内郡郷図田并寺社庄園田数同本家領家領所及地頭政所弁済使交名事、（以下略）

と記されている。他に、建久八年六月日日向国図田帳（『鎌倉遺文』九二二号）、同年月日薩摩国図田帳写（『鎌倉遺文』九二三号）、年月日未詳豊前国図田帳写（『鎌倉遺文』九二五・九二六号）がある。九州における「建久図田帳体制」の意義については工藤敬一『荘園公領制の成立と内乱』（思文閣出版、一九九二年）の、「序章　九州における荘園公領制の成立と内乱」と「第Ⅰ編　荘園公領制の成立と構造」を参照のこと。

(20) 美濃国は注14文書、丹波国は正安元年一二月二三日六波羅下知状案（『鎌倉遺文』二〇三四四号）。そこには「嚢祖盛助入建久三年本御家人注文上」とある。

(21) 建久七年六月日若狭国御家人注進案（『鎌倉遺文』八五四号）。

(22) 建久八年七月日但馬国御家人交名（『鎌倉遺文』九三二号）。

(23) 文暦二年閏六月五日関東御教書案（『鎌倉遺文』四七七六号）。そこには「且如建久・建保・貞応・寛喜当国御家人引付者」とある。

(24) 石井良助「鎌倉幕府職制二題」「再び『征夷大将軍と源頼朝』について」（同『大化改新と鎌倉幕府の成立　増補版』創文社、一九七二年、所収）。

(25) 黒川高明編『源頼朝文書の研究　史料編』（吉川弘文館、一九八八年）によれば、①の「前右大将家政所下文」の最後は建久三年六月二〇日（『吾妻鏡』建久三年六月二〇日条）の「美濃国家人等」宛のものであり（注14）、②の「将軍家政所下文」の初見は建久三年八月二二日（『鎌倉遺文』六〇八号）ないし建久三年九月一二日（『鎌倉遺文』六一八号）のものである。この文書の最後は、確かなものとしては建久五年二月二五日（『鎌倉遺文』七一五号）、「検討の要あり」では建久五年八月一九日（『鎌倉遺文』七三八号）のものである。そして③の「前右大将家政所下文」の初見は建久七年七月一二日（『鎌倉遺文』八五六号）、ないし同年一〇月二二日（『鎌倉遺文』八六七号）のものである。

(26) 杉橋「鎌倉右大将家と征夷大将軍」（『立命館史学』第四号、一九八三年）。

(27) 石井進『鎌倉幕府』（中公バックス版、中央公論社、一九七一年）、「鎌倉幕府の新政治」の項。

(28) 近衛府武官については高橋昌明『武士の成立　武士像の創出』（東京大学出版会、一九九九年）を参照されたい。

(29)『愚管抄』巻第六(『日本古典文学大系』岩波書店、一九六七年)には、そのときの様子が次のように記されている。
(頼朝は)供養ノ日東大寺ニマイリテ、武士等ウチマキテアリケル。大雨ニテアリケルニ、武士等ハレハ雨ニヌル、トダニ思ハヌケシキニテ、ヒシトシテ居カタマリタリケルコソ、中〳〵物ミシレラン人ノタメニハヲドロカシキ程ノ事ナリケレ。
(30)六日に大内惟義が将軍家奉幣使として六条若宮に神馬を奉納し、七日に左馬頭隆保朝臣が六波羅亭に来た、という記事しかなく、九日には石清水八幡宮に参詣し、そのまま再建供養に向かったことは本文ですでに述べた。
(31)頼朝の「前右近衛大将」としての地位の評価については、上横手雅敬「建久元年の歴史的意義」(初出一九七二年、同『鎌倉時代政治史研究』吉川弘文館、一九九一年、所収)を参照した。しかし、建久元年段階の「右近衛大将」と建久六年段階の「前右近衛大将」との歴史的評価の相違については今後の課題とせざるを得ない。
(32)しかしここで、頼朝の政治的地位にとって「征夷大将軍」より「右近衛大将」の方が重要だったといっているわけではない。武人政権としての鎌倉幕府にとって「征夷大将軍」の方が重要であることは杉橋氏のいうとおりであろうが(注26論文)、本章では頼朝が征夷大将軍を辞任しようとし、かつその後「前右大将家」を名乗っていることを、政治史的に解こうとしただけである。
(33)建久六年を強調するあまり、文治五年の奥州合戦のもつ政治的意義や建久元年の初度の上洛の政治的意義について十分検討することができなかった。川合康氏や入間田宣夫氏の研究をぜひ参照されたい(川合「奥州合戦ノート」〔初出一九八九年、同『鎌倉幕府成立史の研究』校倉書房、二〇〇四年、所収〕、同『源平合戦の虚像を剥ぐ』〔講談社、一九九六年〕、入間田「鎌倉幕府はいつ、いかにして成立したか」、「日本将軍と朝日将軍」〔初出一九九一年、一九九〇年。ともに同『中世武士団の自己認識』三弥井書店、一九九八年、所収〕)。ただ、私は頼朝政権・鎌倉幕府が王朝権力のなかに明確に位置づけられ、かつそのような武人政権として継続していく上で、国衙までも動員して作成された大田文の果たした役割は大きいと考える。そして、その最初が建久七年の武蔵国の「国検」であったことはやはり重視すべきではないだろうか。
(34)その一部は、本書第八章「阿野全成・時元および源頼茂の乱の政治史的位置」で考えてみたが、まだ未解決の部分が多い。

第八章　阿野全成・時元および源頼茂の乱の政治史的位置

一　はじめに

『沼津市史』の編纂事業に参加する機会に恵まれ、その作業の一環として鎌倉初期における沼津市域のもつ意味を考えるなかで、「黄瀬川と流人頼朝―初期頼朝政権の一齣―」(1)、「建久六年頼朝上洛の政治史的意義」(2)、「富士巻狩りの政治史」(3)の三編を発表することができた。

これらを考える前提としてあった問題意識は、初期鎌倉幕府の政治史が頼朝の挙兵から文治年間の守護地頭の設置そして奥州合戦までが主流になってしまっていないか、という疑問であった。すなわち、鎌倉幕府成立史といいながら、実のところ頼朝権力成立史になっており、権力機構としての鎌倉幕府の成立史になっていないのではないか、という思いであった。建久四年（一一九三）の富士巻狩りと建久六年の頼朝上洛の政治史的意義を考えたのは、文治以後さらには奥州合戦以後の政治史を考えたいと思ったからにほかならない。

その結果については、今後の検討を待たなければならないが、奥州合戦によって最後の対抗勢力であった奥州藤原氏を倒し、さらには「念願」の「征夷」大将軍に就任したにもかかわらず、その直後に関東の出入り口＝境界三箇所

（三原野・那須野・富士の裾野）で、関東の御家人を総動員して大々的な巻狩りをしなければならなかった事実、さらには大仏再建供養に上洛しつつも、参内による頼家の後継者承認、さらには帰路の東海道国境ごとで行った後継者頼家の披露のためのパフォーマンスなどをみてみても、建久段階の頼朝の権力がそれほど盤石であったとはどうしても思えないのである。

本章も、上記のような問題意識のもと、頼朝の弟のなかで最後まで生き残った阿野全成の乱とその子時元（隆元）[4]の乱、および時元の乱の直後に源三位頼政の孫頼茂が起こした乱の三つの乱を検討することを通じて、それらの乱の初期鎌倉政権における政治史的位置について考えてみようとするものである。三つの乱の詳細は後述するとして、まずそれらを概観することによって、問題の所在を明らかにしておきたいと思う。

阿野全成の乱は、建仁三年（一二〇三）五月に起こっているが、その前提としては建久一〇年（一一九九）一月に頼朝が死亡し、頼家がその後を継ぐことになったこと、そして、建仁二年七月には頼家が征夷大将軍に就任していることがあげられよう。乱に至る兆候は三年二月ころから確認できるから、頼家の征夷大将軍就任が乱の契機になったであろうことは十分推測できる。全成の乱後の九月には比企氏の乱が起きていることも、全成の乱の意味を考える上で重要である。

そして、その子時元が乱を起こしたのは承久元年（一二一九）二月のことである。これの前提としては、同年の正月二八日に三代将軍実朝が甥の公暁によって暗殺され、将軍職空位の時期であったという事実があれば十分であろう。この乱もまた鎌倉将軍職をめぐる問題が乱の契機となっていたと考えられるのである。

一方、第三節で検討するように、時元の乱の五カ月後承久元年七月には、頼朝挙兵に向けての口火を切った源三位頼政の孫で、当時大内守護であった源頼茂が宮中を舞台に反乱を起こしている。この乱が、関白九条道家の子頼経が四代将軍に就任するため関東に下向している最中に起こっていることから考えても、時元の乱と同様、将軍職継承と関係していたことは明らかであろう。そして、何よりも時元・頼茂の乱の二年後、承久三年五月に承久の乱が起こっていることを勘案すると、時元の乱、頼茂の乱の政治史的意義がそれほど低くないといえる。

このように全成・時元父子と頼茂の三つの乱をならべてみると、どれも鎌倉幕府将軍職継承問題に深く関わっていること、とくに時元と頼茂の乱は承久の乱との関係も想定でき、初期の鎌倉政権にとってみれば、単なる頼朝の遺族、源氏の一族の反乱とはいえない意味合いをもっていたと考えられる。

しかし、史料不足もあって、これらの乱については概説書・啓蒙書などで簡単に取り上げられるだけで、十分な検討がなされていない。

たとえば大山喬平氏は「承久の乱」の前提として「将軍のあと継ぎ」を叙述するなかでこの三つの乱にも言及されているが、源頼茂の乱については、三浦周行氏の「上皇の或る隠密なる御計画」という説を紹介しながら、「頼茂がみずから将軍になろうと考えたことをさほど荒唐無稽だとは思わない」とつっこんだ評価をされているものの、阿野時元の乱はその経過を叙述するにとどまっている。(6) また、山本幸司氏は源頼茂の乱には触れているが、時元の乱にはまったく言及されていない、(7) という状況である。最近刊行された永井晋氏の『鎌倉源氏三代記』においても、その事実が簡単に触れられているだけで、特別な評価が加えられているわけではない。(8)

以上のような研究状況を踏まえた上で、先のような問題意識に基づいて、阿野全成・時元父子の乱と源頼茂の乱との政治史的意義を再検討してみたいと思う。

二 阿野全成の乱と時元の乱

1 阿野全成と全成の乱

まず、阿野全成の人物像に関する基礎的な事実を確認しておこう。

全成は、源義朝の子で頼朝の異母弟であり、幼名を今若といった。『尊卑分脈』によれば母は「九条院雑司常盤」とあるから、義円・義経らの兄であった。近年、保立道久氏は、源義経の母常盤の京都における人的ネットワークを詳細に復元され、そこから義経の政治的な位置を解明されたが[9]、母常盤との関係からいえば、全成も同じような政治的環境をもっていたことは、彼の政治的な位置を考える上で重要である。

全成は、平治の乱で父義朝が敗北すると、醍醐寺に預けられたらしい。その後の消息は不明だが、治承四年（一一八〇）兄の頼朝が挙兵するとそれに応じて鎌倉に下向した。『尊卑分脈』には「遠江国阿野に住す。仍って阿野禅師と号す也」とあるが、遠江国には阿野という地名は確認できないから、これは駿河国駿東郡[10]「阿野荘」のことではないかと考えられている。実際、現在では沼津市井出の大泉寺が全成の居館と伝えられ、境内には全成・時元父子の墓も建立されている[11]。

しかし、阿野荘の実態は不明で、その初見は応永二〇年（一四一三）の「管領細川満元奉書写[12]」で、そこには「（建仁寺）末寺駿河国阿野庄長寿寺」とある。その後は西芳寺領として同荘内東原村二〇貫文などが確認できるが[13]、その伝領関係などはよくわからない。このように、初見史料が一五世紀初頭であり、全成が生きていた時代には「安野郡」「あの」「安野」などとみえるだけで、「阿野」「阿野荘」という地名は確認できないから、全成が阿野に住したという確実な痕跡はみいだすことができない[14]。

実際、全成が頼朝の挙兵に合わせて鎌倉に下向した後、頼朝から与えられたのは「武蔵国長尾寺」であった[15]。長尾寺は現在、川崎市多摩区長尾にある妙楽寺であると考えられているから[16]、ここからも阿野との関係を探り出すことは難しい。

また、全成の名乗りをみてみると、全成の乱以前は「醍醐禅師全成」、「法橋全成[17]」とあって、「阿野」を名乗っていたことを確認できない。しかし、全成が乱を起こしたときには「阿野法橋全成」とみえるし[18]、実際、そのとき駿河国に下向して乱を起こしているから、このころには駿東郡と何らかの関係をもっていたのかもしれない。

さて、「はじめに」で述べたように、阿野全成の乱は建仁三年（一二〇三）五月に起こっている。そして、その前提として、建久一〇年（一一九九）一月に頼朝が死亡し頼家がその後を継いだこと、建仁二年七月に頼家が征夷大将軍に就任していることがあげられる。

乱の兆候は三年二月ころから確認できる。全成の謀反により呼び出されそうになったとき、全成の妻で北条時政の娘であった阿波局が「全成去二月比下向駿州之後、不通音信」と述べて、その難を逃れていることがそれを示している[19]。全成が駿河国に下向したのはやはり何らかの依拠すべき領地等があったからであろうと思われるが、前述のように詳細は不明である。しかし、五月一九日には「謀反之聞」で武田信光に捕らえられ「御所中」に召し籠められた。その後、宇都宮朝業に預けられ（同日条）、さらに常陸国に配流され（五月二五日条）、六月二三日には下野国で八田知家によって誅殺された。

このように、『吾妻鏡』には謀反の疑いから逮捕・預け・誅殺に至る過程は書かれているが、駿河国に下向してから「召籠」められるまでの経過や、なぜ宇都宮氏や八田氏など北関東の有力御家人に処刑が任せられたのかについて

表12　承久の乱に至るまでの謀叛・叛乱事件（◎は京都と関連）

◎一一九九年（正治元）	二月一四日	乱を企てたとして中原政経・後藤基清・小野義成ら捕らえらる。
◎	三月一九日	僧文覚を佐渡国に配流。
◎	一二月一八日	梶原景時追放され、翌年正月二〇日、京都へ向かう途次で討たる。武田有義擁立を図ったともいわる。
◎一二〇〇年（正治二）	七月　九日	佐々木経高、京都に兵を集め、騒擾になる。翌月、守護職を没収。
◎一二〇一年（建仁元）	正月二三日	城長茂反乱を企て、院宣を強要するため御所に乱入。景時の乱の余波と思わる。
◎一二〇三年（建仁三）	五月一九日	阿野全成（今若）謀反の疑いで捕らえられ、六月二三日、配流先の下野国で殺さる。
◎	七月一六日	阿野全成の子頼全、京都で殺さる。
◎一二〇五年（元久二）	閏七月二〇日	時政と妻政氏、平賀朝雅を将軍に擁立しようとして失敗。閏七月二六日、朝雅は京都で討たる。
一二一三年（建保元）	二月一六日	泉親衡、源頼家の子千手丸（僧栄実）を将軍位に就けようと乱を図るが露見し、和田義直、胤長ら捕らえらる。
	五月　二日	和田の乱
◎一二一四年（建保二）	一一月一三日	和田義盛与党、千手丸を奉じて京都で蜂起し、六派羅軍が征討。
一二一九年（承久元）	二月一四日	阿野全成の子時元、駿河で蜂起したが討たる
◎	七月一三日	源頼政の孫頼茂、内裏で反乱を起し、討たる。
◎一二二〇年（承久二）	四月一五日	源頼家の子禅暁、京都で殺さる。

出典　山本幸司『頼朝の天下草創』（注７）に追加・補訂

はまったく記されていない。ことは頼朝の兄弟の謀反に関することだけに、『吾妻鏡』がこのようにまったく簡単な事実しか記していないところに、逆に編者の作為が感じられる。

それは、全成の反乱がそれにとどまらず、子の頼全にまで及んでいることによっても裏付けられる。『吾妻鏡』によれば、全成が誅殺された翌日、頼全を捕らえるために使者が派遣され、七月二五日条には、一六日に「播磨公頼全」

を京都東山延年寺で殺害した旨の知らせが鎌倉に届いている。それによると、頼全の誅殺のために「在京御家人等」が「催し遣わ」されているから、それなりの軍事動員があったことは間違いない。全成だけでなく、出家して京都にいた子頼全にまで幕府の手が伸びていることは、この後に乱を起こす時元が何ら問題視されていないことを含めて、全成の「謀反」が駿河国に止まらず、京都の政治と何らかの関係があったことを示唆している。頼朝亡き後の幕府にとって、京都までも巻き込んだ全成の乱は大きな事件であったに違いない。

一二世紀最末から承久の乱までの謀叛・叛乱事件を整理した山本幸司氏[20]は、この間の蜂起・紛争の特徴として、頼朝の縁者ないし清和源氏の系譜を引く人物が中心であること、鎌倉・関東では少なく、京都に関する事件が多いこと、の二点を前著で指摘している（表12）。実際、正治元年（一一九九）の梶原景時父子追放、同二年に佐々木経高が京都で騒動を起こしていること、さらに建仁元年（一二〇一）に城長茂が京都で幕府に背いた事件などをみると、山本氏の指摘は正鵠を射ているといえよう。

そして、これらの事実を前提に考えると、阿野全成・頼全の「謀叛」も全成らの一方的な意志に基づくものであったり、北条氏による「圧迫」に起因すると考えることはできず、京都の政治的動向との関係のなかで起こった主体的な行動であったと理解できるのではないだろうか。

2　阿野時元の乱

父全成と子の頼全が「謀叛」の廉で誅殺されてから一六年後の承久元年（一二一九）、今度は全成のもう一人の子時元が駿河国で叛乱を起こした。それを伝える『吾妻鏡』には、

申剋、駿河国飛脚参、阿野冠者時元法橋全成子、母、遠江守時政女去十一日引率多勢、構城郭於深山、是申賜　宣旨、可管領東

国之由、相企云々、

とある。(21) 駿河国で叛乱を起こしていること、宣旨を申し賜り、東国を管領しようとしていることは注目してよい。前者は父全成以来駿河国に阿野氏の拠点があったことを示しているし、後者は朝廷権力を背景に、幕府に代わって東国の支配権を奪取しようとしているからである。

しかし、幕府の動きは早く、一九日には金窪行親以下御家人が派遣され、二二日には「時元并びに伴類皆悉く敗北」している。このとき、御家人が派遣された場所を「安野郡」と記しているから、(22) 時元らの本拠が「阿野郡」にあったことがわかり、阿野荘との関係を想起させるが、前述のとおり、実際は駿河国に「安野（阿野）郡」という郡は存在しない。ともあれ、時元の乱は蜂起してからわずか一〇日余りで時元の自殺によって終焉を迎えた。

時元の乱について『吾妻鏡』の伝える事実は以上に尽きるが、この乱は後の世の人々の記憶に残ったようで、「承久記」などの戦記物や編纂物に採用されることになった。それらを謀叛の要因を中心にまとめてみると次のようである。

①「承久記(23)」

手次ぎ能《よき》源氏なれは、是こそ鎌倉殿にも成給はんすらめと咍りあへり、（略）身に誤る事なけれ共、陳するに及はねは、散々に戦ひて自害して失ぬ。

②「承久軍物語(24)」

この比一いん《院》よりゐんぜん《院宣》を給はり、くはんとう《関東》をほろぼすべきよししたく《支度》して、しんざん《深山》にじやうくはく《城郭》をかまえ、くにぐに《国々》のせい《勢》をもよほす《催》ときこえしかば、

③「六代勝事記(25)」

将軍の闕に思ひをかけて、烏合をなすに、

④「保暦間記」[26]

将軍ノ無跡成ヲ見テ、秘ニ宣旨ヲ謀作而謀反ヲ起ス、

⑤「北条九代記」[27]

観源家之無跡、望士卒之立我御秘奇謀於二品、申宣旨於九重事、発覚之後、

まず注目すべきは、「鎌倉殿にも成給はん」（①）、「くはんとうをほろぼすべき」（②）、「将軍の闕に思ひをかけて」（③）、「将軍ノ無跡成ヲ見テ」（④）、「源家の跡なきを観て」（⑤）とあるように、諸書とも将軍不在を時元叛乱の動機としている点である。そして、これはすべてではないが、『吾妻鏡』をはじめとして、謀叛の前提として「院宣」「宣旨」の発給が指摘されている点は重要であろう（②・④・⑤）。上記の戦記物や編纂物のほとんどが鎌倉末〜南北朝期に著されたものなので、『吾妻鏡』の「申賜 宣旨」という記事に依拠したとも考えられるが、「六代勝事記」のように一三世紀前半（貞応年間）に書かれたものもあるし、『吾妻鏡』も明記しているように、時元の叛乱に際し、院ないし朝廷から何らかの関与があった可能性は否定できない。

とくに、「承久記」が「手次ぎ能《よき》源氏なれは」とか「身に誤る事なけれ共、陳するに及はねば、散々に戦ひて自害して失せぬ」と記して、時元の貴種性と正統性を指摘しているのは興味深い。そして『吾妻鏡』は乱の鎮圧のために「金窪兵衛尉行親以下御家人等」を派遣したとしか記さないが、同じく「承久記」では略した部分に「伊豆・駿河の勢を以て被攻けり」と記されており、乱の鎮圧軍がそうとうな規模であったことを想定させる。

このようにならべてみると、すべて戦記物や後世の編纂物であるが、阿野時元の乱が時元の意志によって起こったというよりは、源家三代の消滅を目の前にした後鳥羽院や朝廷側からの何らかの働きかけが前提にあって反乱まで

至ったと考えた方がよいのではないだろうか。

３ 小括

以上、阿野全成と時元の二つの乱を追いかけてみた。その結果、両乱とも源家将軍の不在という幕府の政治的混乱を前提に起こっていることは間違いないとしても、問題は、その反乱が両者の個人的な意志や北条氏の陰謀に起因するものであったか否かである。上記の検討を踏まえるならば、全成の乱は確実とはいえないまでも、時元の乱は、「承久軍物語」や「北条九代記」に「一いん《（院）》よりゐんぜん《（院宣）》を給はり」とか「九重に宣旨を申す」と明記されていることを考えるならば、その背景には院や朝廷の動向が存在したことは十分想定できるように思う。

では、時元に院や朝廷から何らかのバックアップを受けられるような条件があったのであろうか。この点については節を改めて考えてみることにしたい。

三 阿野全成・時元のネットワーク

１ 阿野全成と三条公佐

全成・時元の乱と院・朝廷などの京都勢力との関係を考えるために、本節では両者の婚姻関係を中心としたネットワークについて考えてみたい。そのとき、鍵になる人物は三条公佐である。ここに突然三条公佐が出てくる理由は、公佐が全成の娘婿であったからにほかならない。

『吾妻鏡』文治元年（一一八五）一二月七日条は、

　彼公佐朝臣者、二品御外舅北条殿外孫法橋全成息女子也

とあるように、三条公佐は全成の娘の子、すなわち全成の孫と記すが、『尊卑分脈』の三条家流の公佐の子実直の注記には、「母悪禅師（源全成）女、（略）号阿野、又号中御門」とあるから、三条公佐は全成の娘婿であったとするのが正しいであろう。このように、全成と公佐との間には血縁関係が成立していたのであり、かつ公佐の子実直が「阿野と号」していることも、両者の関係の深さを示している。そして、公佐の流には後醍醐天皇の寵妃阿野廉子がいることも周知の事実である。このように、全成の政治的位置を理解するためにはこの三条公佐の存在を抜きにすることはできないのである。

　ところで、何の断りもなしに三条公佐といってきたが、彼の出自はどのようなものであろうか。『尊卑分脈』によれば、公佐は三条滋野井流の大納言藤原実国の子となっているが、頭注に「養子　実父大納言成親卿」とあるように、実は善勝寺流の大納言藤原成親の子であった。改めていうまでもなく、成親は後白河上皇の近臣家成の子で、平治の乱では藤原信頼・源義朝に味方し、さらには平氏追討のための鹿ヶ谷事件の張本の一人であったことは有名である。また、保立氏が、高橋昌明氏の仕事[28]を前提にしながら前著で明らかにしているように、成親は妹や娘を介して平氏政権内部にも深く関与していた。まさに院にも平氏にも源氏にも人脈をもった、当時の政界における重要人物であった。このような人物の実子である公佐と全成とが血縁関係で繋がっていたことは見逃すことができない。

　いま、成親が源義朝と政治的に密接な関係にあったことは記したが、では公佐と頼朝との関係はどのようであったのだろうか。

　公佐が『吾妻鏡』に登場してくるのは文治元年（一一八五）が初見である。そこでは、元平氏方であった佐々木成綱が一ノ谷合戦で戦功のあった息子俊綱の「功」を、「侍従公佐朝臣」に属して頻りに「愁申」していると記されて

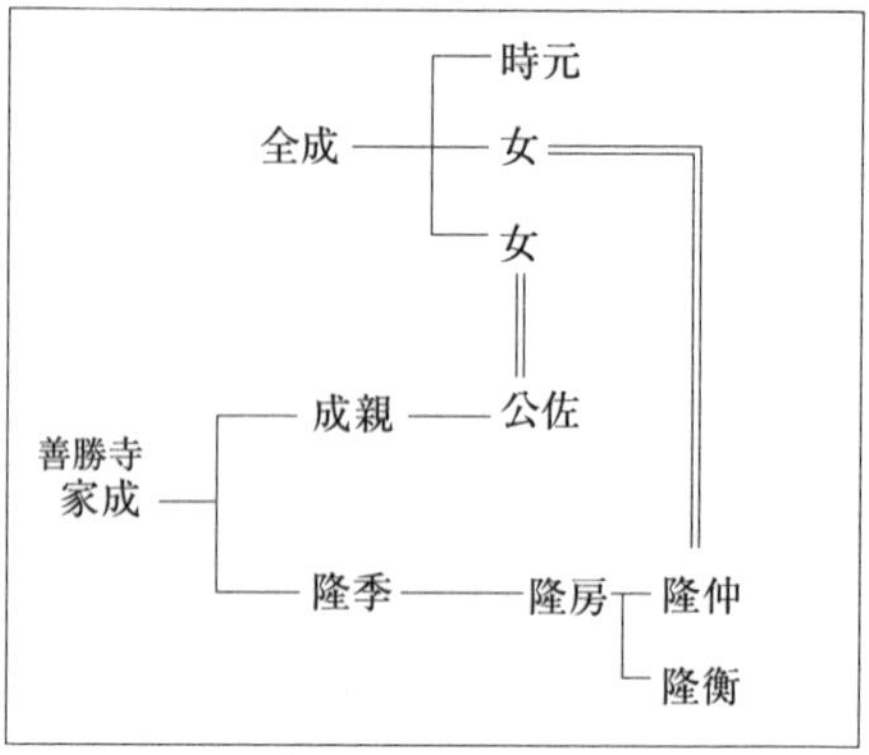

図２　全成・時元と善勝寺流との婚姻関係

いるから、[29]公佐が幕府内で戦功を推挙できるような地位にあったことは間違いない。そして、同年一二月に「右馬頭」に推挙され、翌年正月に任命されている。[30]

公佐の幕府内の位置をよく示しているのが、同年一二月七日条で、そこには、

此間事等、京都巨細者、大略以被示合左典厩并侍従公佐等、治定云々、

とあった。すなわち、京都におけるさまざまなことは左典厩＝一条保能と三条公佐とに任せることが治定されたというのである。そして、公佐をこのような地位に抜擢した理由を、「旁以有其好之上、心操太穏便、不背御意之故」と記している。性格が穏便でかつ頼朝の信頼を得ていたことがわかる。その後、建久五年（一一九四）一二月の永福寺新造薬師堂供養の際、「布施取」九人のうちに公佐がいることが確認できる。[31]このように、公佐は頼朝の代官として京都支配を担当するとともに、鎌倉にも住し、頼朝の家来としてさまざまな行事に供奉していたといえよう。

では、公佐が駿東郡阿野の地を拝領し「阿野」を名乗った可能性はあるであろうか。残念ながらそれを示す史料は存在しない。公佐と頼朝・鎌倉との関係、および全成の娘との婚姻関係から「阿野」を名乗ったのかもしれないが、いまのところ推測の域を出ない。

２　全成・時元と公佐をめぐる婚姻関係

（1）全成の女の婚姻関係

阿野全成の婚姻関係としては、娘いい換えれば時元の姉妹が三条公佐の妻になっていたこと。その公佐は実は後白河上皇の近臣家成の子である成親を実父としていたこと。成親は、平治の乱では藤原信頼・源義朝に味方し、さらには平氏追討のための鹿ヶ谷事件の張本の一人であったこと、などの諸点を指摘した。すなわち全成・時元は善勝寺流と深い関係があったことをまず確認する必要がある。

実はそれだけではなかった。『尊卑分脈』によれば、全成のもう一人の娘は内蔵頭藤原隆仲の室にもなっていた（図2）。

略系図からも明らかなように、この隆仲も善勝寺流に属し、家成の曾孫であった。したがって、時元の姉妹は家成の子成親流、同じく隆季流の両方との婚姻関係を形成していたことになる。この点は全成・時元および両者の乱の政治的位置を考えるとき見逃すことができない要素ということができよう。

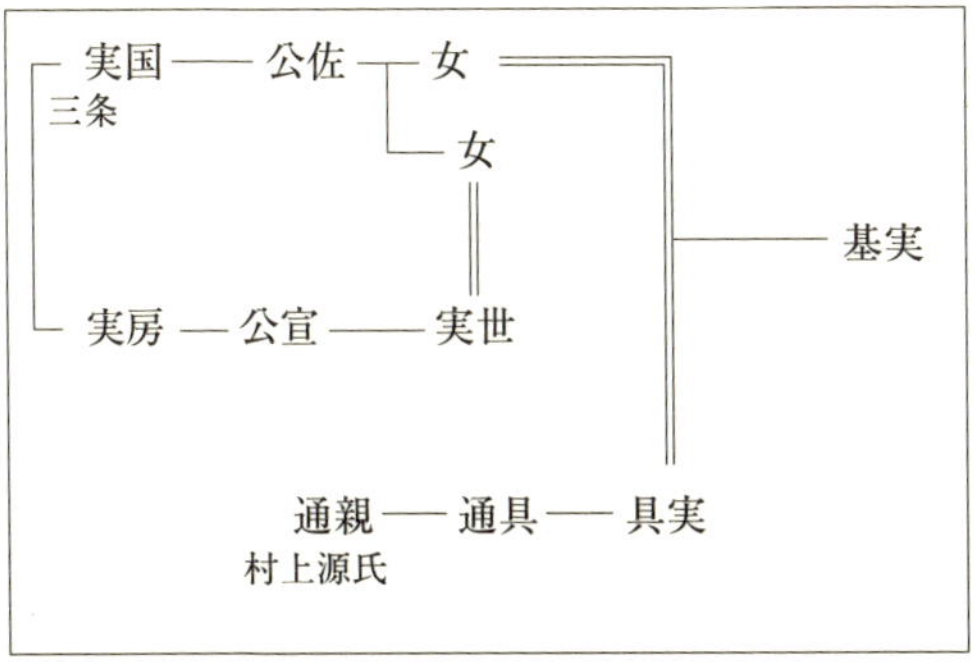

図3　三条公佐の婚姻関係

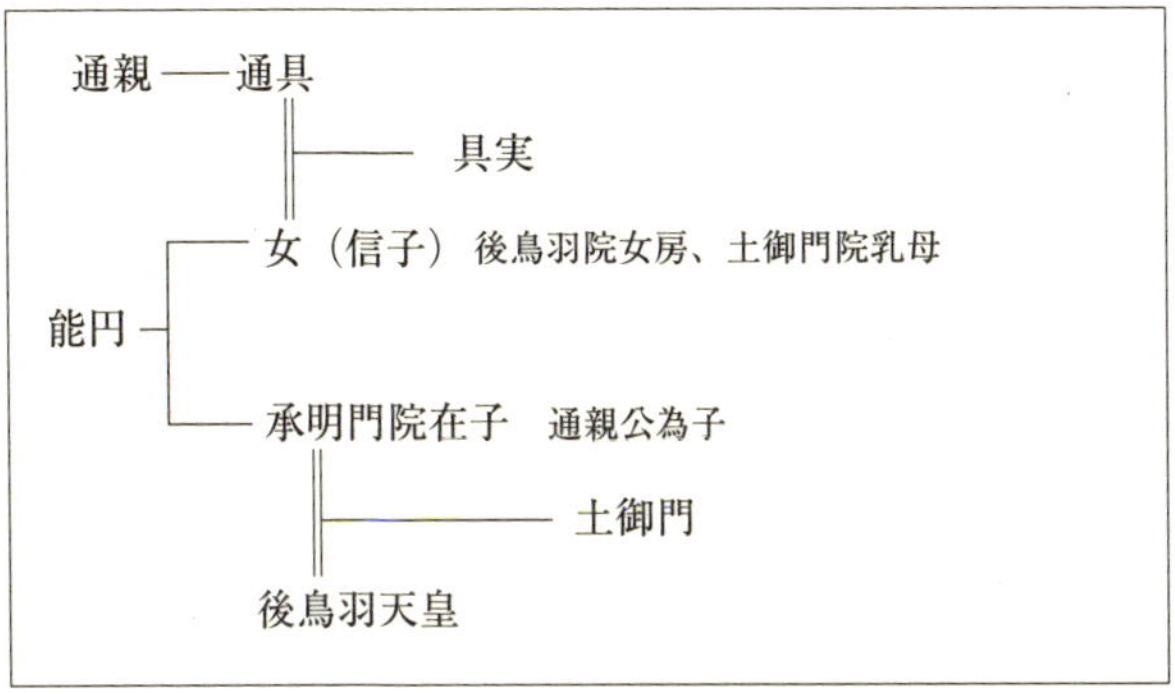

図4　村上源氏堀川流の婚姻関係

（2） 三条公佐女の婚姻関係

続いて三条公佐の婚姻関係についてみてみよう。

『尊卑分脈』のよれば公佐の娘は二人いたが、それぞれ藤原実世室・源具実室になっている。（図3）

源具実は村上源氏堀川流の大納言通具の子で内大臣まで昇り、公佐の娘との間に生まれた子基実は太政大臣にまで昇進している。一方、藤原実世は公佐の継父実国の兄弟実房の孫にあたる。三条家の本流ではないが、叔父公房（太政大臣）を筆頭に当時の朝堂において重きをなした三条家との血縁関係をしっかりと形成していたといえる。すなわち、全成・時元親子は公佐を媒介に村上源氏・三条家とも密接なネットワークを形成していたのである。

（3） 村上源氏堀川流の婚姻関係

話は拡大するが、公佐の娘が嫁いでいた村上源氏堀川流の婚姻関係についてみておこう（図4）。

まず注目されるのは、具実の母が「能円女、後鳥羽院女房」とあることである。これは、能円の娘信子のことで、『尊卑分脈』には「従二位能保《（藤）》卿室、後通通具《（源）》」、「土御門院御乳母」とある。すなわち、信子は一条能保の妻であったが、のち源通具に通じ具実を生んだのであった。そして、彼女は後鳥羽天皇の女房であるだけでなく、後鳥羽の子土御門院の乳母でもあったのである。具実は母を介して後鳥羽院さらには土御門院とも密接な関係を持っていたことになる。

さらに注目されるのが、その信子の姉妹の承明門院在子の存在である。彼女は「後鳥羽院妃」であるとともに「土御門院御母」でもあったが、その一方で具実の祖父通親の猶子でもあったのである。『尊卑分脈』能円の項には「通親公為子」としかないが、堀川流の該当箇所には「依勅為猶子、実者法印能円（之）女也」と記されている。この記載に基づくならば、在子は後鳥羽天皇の命令によって一度通親の猶子になり、その後入内したと考えられよう。

以上の諸事実を源具実を中心にまとめなおすならば、以下のようになろう。まず、後鳥羽院の皇后であり土御門天皇の母在子を父通具の義兄弟すなわち叔母にもち、自分の母信子はその在子の妹で、かつ後鳥羽院の女房を務めその上土御門天皇の乳母でもあったである。まさに後鳥羽王権に直接つながる女性たちに囲まれていたといえよう。通親—通具—具実の一族は、能円の娘在子と信子を媒介として後鳥羽院と密接な関係をもっていたのであった。

（4）承久元年の朝堂構成

以上（1）〜（3）で明らかにした全成・時元と公佐をめぐる婚姻関係を整理すると、

① 時元の姉妹は成親の実子善勝寺流三条公佐と同じく成親の兄弟隆季の孫隆仲と結婚し、善勝寺流との二重の関係を形成していた。
② 公佐の義父義国を通じて三条家とも密接な関係が成立していた。
③ 三条公佐の二人の娘は、村上源氏堀川流の具実と公佐の義父実国の弟実房の孫実世に嫁いでいた。
④ 源具実は、祖父通親の猶子＝叔母の承明門院在子とその妹であり具実の母であった信子を通じ、後鳥羽院—土御門天皇の王権に深い婚姻関係を成立させていた。

となる。

全成・時元は三条公佐（とその娘）を媒介に、善勝寺流・三条家および村上源氏堀川流と深く結びつくとともに、公佐の娘の夫である具実を通じ、後鳥羽王権にも密接につながる血縁関係を保持していたのである。このような全成・時元のネットワークの存在を前提にするならば、全成の場合は可能性に止まるものの、その子時元の場合は院宣を得て挙兵する条件は十分存在していたということができよう。

この可能性をさらに補強するために、時元が乱を起こした承久元年（一二一九）の朝堂構成をみてみることにしたい。この年の公卿は関白従一位近衛家実以下参議藤原定高まで三二名を数えるが、そのなかで、時元・公佐と関係の

表13　承久元年朝堂の公佐・具実関係者

氏　名	官　職	公佐・具実との関係
三条　公房	太政大臣	公佐の義理の従兄弟
久我　通光（村）	内大臣	具実の叔父
堀川　通具（村）	権大納言	具実の父
土御門定通（村）	同	具実の叔父
四条　隆衡（善）	同	時元の姉妹の夫の兄弟
姉小路公宣（三）	中納言	公佐の義理の従兄弟（公房の弟）
滋野井実宣（三）	同	公佐の義理の兄の子
三条　実親	権中納言	公房の子
三条　公氏	同	公佐の義理の従兄弟（公房の弟）
中院　道方（村）	参議	具実の叔父
村＝村上源氏　三＝三条家 善＝善勝寺		

深い善勝寺流、三条家、村上源氏は一一名に及んでいる。それらの氏名と官職および公佐・具実との関係を摘記すると表13のようである。

太政大臣・内大臣各一人、権大納言三人、中納言（権中納言）四人が公佐・具実の血縁的関係者であった。これに通具の義理の姉妹で、後鳥羽院の妃である承明門院在子と通具の妻で後鳥羽院女房信子が加わるのである。時元の周辺には具実・公佐を介して後鳥羽院政の中枢に関わる人物が多数いたことは明らかである。時元が「手次ぎ能源氏」として「一いん《院》よりゐんぜん《院宣》を給はり、くはんとう《関東》をほろぼすべきよししたく《支度》」する条件は院・朝廷内に十分備わっていたということができよう。

以上、阿野時元が乱を起こす際に、院宣を入手する条件は十分備わっていたこと、いい換えれば、時元の乱の背景には後鳥羽院側からの何らかの働きかけがあった可能性が高いことを述べた。

四　源頼茂の乱の実相

本節では、時元の乱の五カ月後、承久元年七月に、内裏のなかで起こった源頼茂の乱の実相を究明することを通じて、頼茂の乱だけでなく時元の乱もまた承久の乱の前提としての政治史的位置を占めていることを明らかにしたい。

源頼茂は、頼朝挙兵のきっかけをつくった源三位頼政の孫で、頼政—頼兼—頼茂と三代にわたって大内守護を務めていた。その頼茂が内裏中で反乱を起こしたのである。『吾妻鏡』にはこの乱を次のように伝えている。[32]

去十三日未刻、誅右馬権頭頼茂朝臣、（略）頼茂依背　叡慮、遣官軍於彼在所昭陽舎（頼茂守護大内間、住此所）合戦、

これによれば、頼茂が「叡慮」＝後鳥羽院の考えに背いたので、官軍が遣わされ、大内守護の宿舎であった昭陽舎で合戦に及び、誅殺された、という。これもまた、時元の乱と同じく『吾妻鏡』の伝える内容は簡単である。これを補うため、時元の乱と同様に他の記録や文学作品から引用してみよう。

①『愚管抄』[33]（巻第二）

度々大内守護重代右馬権頭頼茂、在謀反聞、被召之間、及合戦放火、頼茂焼畢、則被誅了。

①′『愚管抄』（巻第六）

俄ニ頼政ガムマゴノ頼茂大内ニ候シヲ、謀叛ノ心ヲコシテ我将軍ニナラント思タリト云コトアラハレテ、住京ノ武士ドモ申テ、院ヘ召ケレドモマイラザリケレバ、大内裏ヲ押マハシテウチケルホドニ、内裏ニ火サシテ大内ヤケニケリ。

②『尊卑分脈』

鎌倉右大臣（源実朝）薨之後、有謀反之間、仍建保七七十三、自仙洞被召之処、不応勅定、仍欲被追討之間、于時依為大内以下内裏守護、忽放火焼皇居、即自害了、焼死旱。

③「承久記」

源三位頼政が孫、左馬権頭頼持（茂）とて、大内守護に候けるを、是も多田満仲が末なればとて、一院より西面の輩を差遣し、被攻しかば、是も難遁とて、腹掻切てぞ失にける。院の関東を亡さんと被思召ける事は眼前なり。

④「保暦間記」

左馬頭頼茂朝臣源三位頼政孫、将軍ノ望有ニ依テ謀反ヲ起ス。折節大内守護ナル間、内裏ニ立籠ル。時刻ヲ不移責ラレケレバ、仁寿殿ニ籠テ自害シ畢。其時代々仙洞ノ重宝失ニケリ。

⑤「仁和寺御日次記」(34)

未刻、内裏殿舎諸門已下官蔵人方黒代宝物、仁寿殿観音像等焼失。守護人右馬権頭頼茂朝臣有謀反企之由風聞之間、被遣召之処忽□□□□又放火。

⑥「北条九代記」

依勅定誅頼茂朝臣、右馬権頭、頼政卿孫、依仁寿殿等回祿、代代重実（宝カ）等焼失訖。

⑦「興福寺略年代記」(35)

左馬頭頼茂被誅之間、内裏懸火自害畢、

これらを総合すると、将軍不在のときを狙って将軍になろうとしたが（①④）、院の召しに応えなかったために（①②）、「官軍」（『吾妻鏡』）、「西面の輩」（③）に誅されてしまい、その合戦の過程で内裏内の重宝が焼失してしまった、という経過になろう。

このような経過から、頼茂は源氏の嫡流でもないので「望を将軍に繋けたりといふこと、甚だ疑ふべし」として、三浦周行氏は上皇が乱後ただちに誅伐したのは「別に何等かの秘密の事情なきにあらざりしか」と疑問を呈し、「思ふに、彼等は上皇の或る隠密なる御計画の犠牲に供せられたりしものにあらざるならんか」と結論している。(36)

それに対して、大山喬平氏は「頼茂がみずから将軍になろうと考えたことをさほど荒唐無稽だとは思わない」と評価し、次のように述べる。頼政以来三代にわたって大内守護を勤めており、彼らには北国（北陸道）御家人が従っていたこと、そして源家嫡流が断絶した、という状況のもとでは、「頼政の孫頼茂がみずから将軍になろうと考えるのは、むしろ自然であったのではなかろうか」。そして、後鳥羽上皇の側も彼らを倒幕運動に動員しようとし、頼茂も最初はその線で動いたが、計画の具体化のなかで両者の思惑に違いが生じたため、「上皇は先手をうって頼茂を誅殺した」と。(37)

また、山本幸司氏は「真相は定かではない」としながらも、この乱の原因として、頼茂が将軍実朝と親しかったことから頼茂が「後盾を失った」ことと無関係ではなかったとし、頼茂が「有力な源氏一族であったことから、後鳥羽が承久の乱の小手試しをやったということも考えられる」と評価する。(38)

後鳥羽と頼茂との間に何らかの連携をみようとする大山氏と、後鳥羽の「御計画の犠牲」だとする三浦氏、頼茂と実朝の関係を重視する山本氏との間で評価は大きく分かれる。山本氏は古活字本『承久記』③の「院の関東を亡さんと被思召ける事は眼前なり」という記述を重視しているようだが、私は、『愚管抄』が「召されるの間」①、「院へ召ケレドモマイラザリケレバ」①、『尊卑分脈』が「仙洞より召されるの処、勅定に応じず」②と記している点に、この反乱を理解するポイントがあるように思う。頼茂はなぜ後鳥羽に呼び出されたのであろうか。

そこで、再度①・①・②・⑤を読んでみると、「謀反の聞」①、「謀叛ノ心（略）アラハレテ」①などと「謀叛（反）」が院に召される前提・条件であったように読みとれる。これらを尊重する限り、頼茂は謀叛が発覚したために院に呼び出されたことになる。ややしつこくなるが、院に呼び出された後に反乱を起こしたのではなく、反乱が発覚した後に院に呼び出されていることに注目したい。なぜなら、反乱がすでに発覚しているのならば、後鳥羽および朝廷側はただちに鎮圧すればよいのであって、その首謀者である頼茂をわざわざ院に呼び付ける必要がないからである。しかし、そうはしなかった。後鳥羽は頼茂を呼び出し「叡慮」「勅定」を伝えようとした。「叡慮」「勅定」の具体的な内容は不明だが、それに応じなかったために頼茂が誅伐されていることを考えるならば、そのなかに「謀叛の中止」に関する内容が入っていたことは間違いないであろう。

ではなぜ中止させようとしたのか。それは頼茂の謀叛が後鳥羽にとって想定外のでき事であったからであろう。すなわち、後鳥羽と頼茂の間には以前から何らかの「取り決め」があり、今回の謀叛はその「取り決め」から大きく逸脱する行為だったに違いない。だからこそ謀叛発覚後に呼び出されたのであった。その「取り決め」とはなにか。まったく想像の域をでないが、それは倒幕に関する計画（スケジュールも含めた）であり、倒幕後の支配体制に関わる内容も入っていたのではないかと思われる。そして、想像をたくましくするならば、倒幕後の将軍職ないしそれに代わる職務に頼茂を就けるというようなことも含まれていたかもしれない。

この想像はさておき、倒幕に関する「取り決め」があったと思われるにもかかわらず、それに反して、急遽頼茂が謀叛を起こしたのはなぜであろうか。これもまた推測の域を出ないのだが、実朝の後の四代目将軍として、藤原頼経が関東に下向したことが要因であったと考えられる。というのは、頼経が「一条之亭」から六波羅に移り、関東に出発したのは六月二五日のことであった[39]。頼経の鎌倉下向を目のあたりにした頼茂が、自分は多田満仲を祖に持つ有力源氏の出身であり、源家将軍亡き後その欠を補うに不足のない人物であることを改めて認識し（③）、頼経の鎌倉下向から一八日ほど後に「住京ノ武士ドモ」を集めて謀反を起こすということは十分あり得ることだと思う。

頼経を東下させることによって、当面、幕府との「信頼」関係を成立させ維持しようと考えていた後鳥羽にとって、京都でそれも大内守護が将軍職を狙って反乱を起こしたことになれば、折角の「信頼」関係が崩れるだけでなく、関東下向の途中であった（鎌倉到着は同一九日）(40)頼経の身にも危険が及ぶことを恐れた後鳥羽は、あわてて頼茂を呼び寄せて謀叛を思い止めようとしたのであろう。しかし、頼茂がそれに応じなかったため、頼経の安全を確保するとともに今後の討幕計画を隠密裏に遂行するために、後鳥羽側が急遽頼茂らを誅殺した、というのが真相ではないだろうか。

頼茂の反乱と鎮圧を知らせる使者が同二五日鎌倉に到着しているが、使者が遅れた理由を「折節、若君御下向之間、故止飛脚、于今、不啓子細」と記していることも、(41)頼茂の反乱が頼経の関東下向と関連していたことを示唆していよう。そして、その使者は、頼茂の乱は「叡慮に背」いたことが要因であって、だから「官軍」によって討滅された、と伝えただけで、頼茂が将軍職を狙って「謀叛」を起こしたとは一言もいっていない。これが『吾妻鏡』の作為なのか否か、判断する材料をもっていないが、頼茂の予期せぬ反乱は、後鳥羽にとっては「内裏殿舎諸門已下官蔵人方黒代宝物、仁寿殿観音像等」「代々仙洞ノ重宝」が焼失しても、速やかに沈静化しなければならないほど高度な政治的対応が要求された事件であったのである。

大山氏の見解にどれほどの事実を付け加えることができたか心許ないが、謀叛発覚の後に院へ召し寄せられていることから考えて、頼茂の反乱の直接的な要因ではないとしても、頼茂が乱に至る前提には後鳥羽上皇側の思惑ないし働きかけが存在したことは間違いないのではないだろうか。

五 むすびにかえて―時元の乱と頼茂の乱の政治的位置―

以上、これまであまり取り上げられることのなかった阿野全成の乱、その子時元の乱そして源頼茂の乱という、一三世紀前半におきた三つの乱について検討を加えた。

全成の乱は関係史料が乏しいこともあり、まだ未確定な部分も多いが、時元の乱においては、時元とその娘婿三条公佐らの婚姻関係の復元を通じて、当時の朝堂には時元に「院宣」を出す条件が十分存在したことを指摘した。また、頼茂の乱においては、叛乱発覚後に院に呼び出されていることに注目し、後鳥羽側と頼茂との間には倒幕に関する何らかの取り決めがなされていた可能性が高いことを指摘した。

このような理解が認められるとするならば、時元と頼茂の乱が三代将軍実朝の暗殺による将軍職空位という状況のなかで起きていること、そして二年後には承久の乱が起こっていることから考えて、この二つの乱を承久の乱の前史として明確に位置づける必要があると思われる。

そして、院・朝廷側の働きかけがあったとしても、頼朝の弟全成とその子時元、さらに平氏打倒のきっかけを作った源三位頼政の孫頼茂という、源氏の有力な一族が相ついで叛乱を起こしていることは、頼朝―頼家―実朝の将軍職継承が「源家三代」と称されるほど安定的なものでなかったことを示しているように思う。

確かに、頼朝によって守護・地頭や侍所・政所・問注所などの幕府機関が設置され、御家人制が整えられるなど、幕府の支配機構としての整備は進んだが、それがさも安定した政権のようにみえるのは、上記三つの乱についてあまり語りたがらない『吾妻鏡』の叙述＝『吾妻鏡』史観に拠るものであって、一三世紀第一四半期の初期鎌倉政権の政治史はそれほど安定的、直線的なものではなく、さまざまな矛盾・対立と可能性を含んだものであったのではなかろうか。

最近、頼朝が就任を望んだのは「大将軍」であって「征夷大将軍」でなかったことが明らかにされたように、(42)『吾妻鏡』史観によって彩られてきた初期鎌倉政権の性格は再考されなければならない時期にきているように思う。本稿がそれに向けてのささやかな問題提起になっていることを望むばかりである。

注

(1)『沼津市史研究』第一一号（二〇〇二年、本書第四章）。
(2)『鎌倉遺文研究』第九号（二〇〇二年、本書第七章）。
(3)『沼津市史研究』第一六号（二〇〇七年、本書第六章）。
(4)『尊卑分脈』は「隆元」とするが、『吾妻鏡』をはじめ他の史料は「時元」と記すので、本章では「時元」を用いる。
(5)三浦「鎌倉時代史」（一九〇七年、同『日本史の研究』新輯一、岩波書店、一九八二年、所収）。
(6)大山『鎌倉幕府』（小学館、一九七四年）。
(7)山本『頼朝の天下草創』（講談社、二〇〇一年）。
(8)永井『鎌倉源氏三代記』吉川弘文館、二〇一〇年。
(9)保立『義経の登場』（日本放送出版協会、二〇〇四年）。
(10)「駿東郡」という呼称は、駿河国の「中世」においては使用されていないが、便宜的に用いる。「駿東郡」の使用例として早いのは、「天正五丑年三月日」の年号をもつ「椎路村松寿庵」の馨子の銘である（大中寺蔵、『沼津市史　史料編　古代・中世』五二六号、一九九六年）。

(11)『沼津市史　通史編　原始・古代・中世』(二〇〇五年)。
(12)『沼津市史　史料編』一七七号文書、「永源師檀紀年録」。
(13)『沼津市史　史料編』二一二号文書、『蔭涼軒日録』長享二年七月五日条。
(14)以上は、注10『沼津市史　通史編』による。
(15)『吾妻鏡』治承四年一一月一九日条。
(16)『川崎市史　通史編1』第三編第一章(一九九三年)。
(17)『吾妻鏡』治承四年八月二六日条、同年一〇月一日条、文治元年一二月七日条。
(18)『吾妻鏡』建仁三年五月一九日条、同年五月二五日条。
(19)『吾妻鏡』建仁三年五月二〇日条。
(20)注7著書。
(21)『吾妻鏡』承久元年二月一五日条。
(22)『吾妻鏡』同年二月二三日条。
(23)「新撰日本古典文庫」(現代思潮社、一九七四年)。
(24)『群書類従』合戦部(第二〇輯)。
(25)同右、帝王部(第三輯)。
(26)同右、雑部(第二六輯)。
(27)『続群書類従』雑部(第二九輯)。
(28)高橋『増補・改訂　清盛以前』(文理閣、二〇〇四年)。
(29)文治元年六月二五日条。
(30)文治元年一二月六日条、文治二年正月七日条。
(31)『吾妻鏡』建久五年一二月

(32)　承久元年七月二五日条。
(33)　「日本古典文学大系」（岩波書店）。
(34)　『続群書類従』雑部（第二九輯下）
(35)　『続群書類従』雑部（第二九輯下）
(36)　注5論文。
(37)　注6著書。
(38)　注7著書。
(39)　『吾妻鏡』承久元年七月一九日条。
(40)　注39に同じ。
(41)　『吾妻鏡』承久元年七月二五日条。
(42)　櫻井陽子「頼朝の征夷大将軍任官をめぐって――『三槐荒涼抜書要』の翻刻と紹介――」（明月記研究会編『明月記研究』第九号、二〇〇四年）。

初出一覧

序章　英雄論的武士論から職能論的武士論へ（HISTORICHE MUSEUM DER PRAJZ SPEYER　開催『SAMURAI 武士の世界』展　カタログ用原稿）

Ⅰ　前史

第一章　一二世紀前半の武蔵国の政治情勢と村山氏（『東村山市史研究』第六号、一九九七年）

第二章　大蔵合戦と秩父一族（『内乱史研究』第一四号、一九九三年）

第三章　武蔵国橘樹郡稲毛荘の成立と開発（『地方史研究』第二二七号、一九九〇年）

Ⅱ　内乱

第四章　黄瀬川と流人頼朝（『沼津市史研究』第一一号、二〇〇二年）

第五章　鎌倉殿御使の政治史的位置（河音能平編『中世文書論の視座』東京堂出版、一九九六年、所収を改題）

Ⅲ　政権

第六章　富士巻狩りの政治史（『沼津市史研究』第一六号、二〇〇七年）

第七章　建久六年頼朝上洛の政治史的意義（『鎌倉遺文研究』第九号、二〇〇二年）

第八章　阿野全成・時元および源頼茂の乱の政治史的位置（新稿）

あとがき

柄にもなく、政治史の論文集を出すことになった。「初出一覧」を見ていただくと明らかなように、所収論文の多くは自治体史の編纂事業に携わる機会を得たことが契機になって執筆したものである。その機会を与えてくださった「東村山市史」編纂委員長の渡辺隆喜氏、同じく「沼津市史」編纂委員長の佐々木潤之介氏に心より感謝したい。畿内・西国を中心に荘園や土地制度の研究を進めてきた私が、ようやく関東の古代・中世史に親近感をもてるようになったのは、これらの自治体史編纂の経験に拠るところが大きい。「田無市史」編纂に加えていただいた永原慶二氏とともに、渡辺・佐々木両氏には心から御礼を申し上げたい。

ところで、書名を『初期鎌倉政権の政治史』としたものの、所収論文九本のうち四本が「沼津市史」編纂絡みで執筆されていることを考えれば、書名も「平安末・鎌倉前期沼津地域の政治史」とした方がよかったかもしれない。しかし、本書の内容の評価は別として、読んでいただければわかるように、この時期の沼津市域を舞台にした歴史が沼津地域史に止まらない、鎌倉幕府成立史およびその後の初期鎌倉政権に関わる大きな広がりを有していることは間違いないであろう。本書が鎌倉初期の政治史研究になんらかのインパクトを与えることができれば望外の幸せである。

といっても、やはり守護・地頭論もない、奥州合戦に関するオリジナルな研究もなくして「初期鎌倉政権の政治史」が理解できるか、という批判は当然出てくるであろう。残念ながらその批判は甘受しなければならない。「鎌倉初期の政治史は頼朝の挙兵から文治年間までの政治史に偏している」という研究史批判を唯一の頼りに稚拙な研究を行ってきた以上、それは当然の結果であると十分自覚している。

しかし、本書をまとめなおして感じるのは、奥州合戦そして征夷大将軍就任後における頼朝の政治（富士巻狩り・二度目の上洛など）と頼朝死後の幕府政治をみてみると、奥州合戦や征夷大将軍就任が頼朝の政治の終着点・達成点だとはどうもしても思えないのである。挙兵から征夷大将軍就任に至る一連の歴史過程の重要性は十分理解できるし、それらに焦点を当てた研究の重要性も理解できるが、しかし、それらはその後の頼朝の政治、幕府の政治を踏まえた上で評価されるべきであって、そこに至る過程の分析に止まっていては、鎌倉初期の政治史を評価することはできないように思う。

「批判は易く行うは難し」というように、上記の課題は、いってはみたもののそう簡単に実現できる内容ではない。それは本書の内容をみていただければ明白である。あと、どれだけ時間があるか、研究の意欲がどれほど続くかわからないが、若い研究者の刺激を受けながら少しでも進展させることができたら、というのが、再校を終えたいまの実感である。

最後に、出版事情の厳しいなか、本書の出版を引き受けていただいた同成社社長山脇洋亮氏および編集を担当していただいた山田隆氏に感謝申し上げたい。

なお、本書の校正にあたっては、東京学芸大学大学院生の櫻井大然、本木俊徳、宮下侑深子、小坂望、関根和宜の諸君に協力いただいたことを記して、感謝の意としたい。

二〇一一年九月一一日

東日本大震災から六ヶ月目の日に、

木村茂光

I 事項索引

—あ 行—

『吾妻鏡』史観 2,8,214,215
阿野全成の乱 7,191-197,200,212
阿野時元の乱 7,191-193,197-200,206,207,212
いくつかの幕府 2,9
石橋山合戦 41,42,56,57,84
伊豆国御家人 155
一院御座作手 113-115
一ノ谷の合戦 110,116,201
稲毛荘年貢押取事件 66,69,71,72
院宣 7,90,103,108,109,113,116,117,119,125,130,199,205,206,212
右近衛大将 134,136,142,144,166,190
英雄論的武士論 11,12,14
追鳥狩 153
奥州合戦 1,7,8,141,153,190,191
御馬乗替 92
大内守護 194,207,209,211
大蔵合戦 6,9,41-45,47-58,60,61,68,70,74
大田文制 165,177,178,184,186
大番役 149,160,177,189
大姫入内問題 7,166,173,176,179,181-183
小野氏系図 31,33,34,37,39,44
小山町史 161
恩沢の沙汰 136,139,144,148-151,160,163
遠流 89-92,93

—か 行—

甲斐源氏 80,157,161
金子・村山の輩 43
神奈川県史 63
鎌倉大火 137-139,141,147,148,150,160
鎌倉殿御下知 108,109,116,125,126
鎌倉殿御使 2,4,7,99,101-106,108-111,118-120,123-128,130
鎌倉殿御使下文 4,99,101,102,106,108-110,121,125-127
鎌倉幕府成立史 1,2,8,16,99,134,162
狩倉 151,155
川崎市史 7,9,63,214
関東の威 120,123,125
関東の武士団 17,21,31,45,60,158-161
機関的・構成的な支配 127
木瀬川の境界性 89,92-95
畿内・近国支配 100,104-106,110-112,115,116,118,120,121,124-126
九国・四国地頭 105
京都大番役 139
京都守護 128,136,160,187
京武者 16
葛貫別当 6,52,53
下文更改 144-146,148-150
国地頭 2,3,99,100,127,128
軍事貴族 14,15
外題 113,116,118,121
源氏の内紛 6,31,32,38-42
権門体制 15
皇嘉門院領荘園 64,66
御家人交名 177,178,188,189
御家人制 139,149,160,165,177,178,184-186,212
後三年合戦 31,37
児玉党 22,28,31
児玉党系図 53
後鳥羽院女房 204-206
後鳥羽王権 205

—さ 行—

埼玉県史 63
在地領主制論 14,16,17
相模国御家人 155
境迎え 7,170-172,176,187
前右大将家 136-139,142,145,147-150,159,180,181,183,190
前右大将家政所下文 139,142,144,145,149,150,163,177,179,180,189
三条家 204-206
三条滋野井流 201
鹿ケ谷事件 201,203
治承・寿永の内乱 1,99,162
静岡県史 96,161,164
自専の儀 4,122-125,127,130
執権政治 127
寿永二年一〇月宣旨 1,95,99
守護・地頭 1,134,165,185,191,212
守護制度 177,178,184
守護の善神 182,183
首都鎌倉 137,138,150,160
承久の乱 1,2,8,93,165,186,193,196,197,207,209,212
将軍家政所下文 142,144,145,151,179,189
初期鎌倉政権 3,4,78,135,157,192,193,212,213
初期頼朝政権 78,94,101,102,124,126,191
職業尽くし 15
職能論的武士論 11,14-18
処刑の場 93
裾野市史 82,93,97,161
図田帳 177,188,189
スペイアー市歴史博物館（ドイツ） 11
征夷大将軍 1,8,9,99,134,136,139-142,144,145,147,149,150,151,160,162,165,166,179-183,185,189,190,192,195,213
摂関家領荘園 64-66,69-71
前九年合戦 23,153
善勝寺流 201-203,205,206
善政 80-82,168-172,176,178,179,183
造内裏役 91
曾我兄弟の敵討ち 133-135,155-159,161

—た　行—

大仏再建供養　80,166,167,173,176,179,181-183,185,192
平忠常の乱　91
平将門の乱　13,91
秩父氏略系図　27,30,50,51,53
秩父牧別当　29
千葉氏系図　23
地方史研究協議会　5,63
中世—暗黒時代　12
中世身分論　15
朝廷の刑罰体系　89,90,91,94
土御門院乳母　204,205
殿下渡領　71
ドイツ実証主義歴史学　12,13
東国の武士団　12,13
同族的武士団　22,28,29,43
討幕運動　209,211,212

—な　行—

内記太郎殺害事件　33-36,38,39
内乱の終焉　185
二所参詣　136
日本国総守護職　177
沼津市史　6,77,213,214

—は　行—

坂東＝亡弊国　91,92,93,94
東村山市史　6,7,28,44
日野市史　74
兵粮米徴収　103,111,119,123
平泉幕府　2
福原幕府　2,8
武士＝侍　11,15,17,18
武士＝在地領主　13-15
富士川の合戦　6,85-87,157
富士巻狩り　7,79,133-135,149,151,152,155,158-161,193
武人政権　17,18,185,186,191
踏馬衆　152,153
文人政権　18
平家没官領　114,115,127
平氏政権　2,57,58,201
平治の乱　5,6,42,43,47,56,57,59,61,68,69,70,89,90,194,201,203
兵站基地　80
法皇不予　138,139,147,150
保元の乱　40-42,45,49,56,57,61,68-71,90
北条得宗家　82

—ま　行—

政所吉書始　136,144,145,148,149,159
御厩立て　175,183,184,187
水鳥の羽音　86,88
源頼茂の乱　7,191-193,207,209,213,214
源頼朝の挙兵　1,21,91,99,191,192,195,207
美濃国御家人　139,149,177,189
武蔵七党　6,21-23,31,33
武蔵七党系図　22,23
武蔵国御家人　164
武蔵国武士団　5,21,22,50,57,59
武蔵国留守所総検校職　9,29,30,39,41,49,50,57,59-61,68
村上源氏堀川流　204-206
村山貫主　23
村山党　6,21,23,26,28,29,39,43
村山党系図　23,30
以仁王の令旨　57

—や・ら行—

養君　40,41,48
横山党　6,22,23,31-39,41,45
頼家の元服　7,174-176,179,181-186
頼朝代官　4,100,101,112,116-118,120,121,123-127,202
領主制的・主従制的支配　127
流罪　89,90
流人　6,77,90,95,191

Ⅱ　人名索引

—あ　行—

足利義信　151
飛鳥井雅有　83
安達盛長　137
阿野全成　7,190,191-198,200,201,203-205,212
阿野時元　7,190,191-194,197-200,203-213
阿野頼全　198,199
阿野廉子　201
阿波局　195
飯田家義　87
池禅尼　89,90,97
一条能保　128,187,202-204
印東常義　88
宇都宮朝綱　154,158
宇都宮朝業　195
江戸重長　57,58,62
奥州藤原氏　134,135,137,153,156,159,160,191
大内惟義　82,100,129,139,149,169,190
大庭景親　42,56,57
大姫　157,167,173,176,179,181-183
小山田有重　57
小山朝政　154,158,175

—か　行—

葛西清重　62
賀嶋氏　88
梶原景時　2,100,121-124,129,197
上総氏　21
上総広常　87
鎌倉景政　34,37
河越氏　30,51-54,56-59,74
河越重頼　42,51,52,54,56,58-60
桓武平氏　22,23
清原武則　153
九条（藤原）兼実　64,78,90,99,104,141
九条（藤原）道家　192

九条（藤原）良通　64
九条（藤原）頼経　169,187,192,210,211
工藤祐経　79,154,155,157
皇嘉門院聖子　64,66,71,72
後白河天皇・上皇　40,66,99,114,136,138-141,147-150,158,160,166,167,174,178,179,201-203
後醍醐天皇　201
児玉氏　53,55
児玉行重　30,53
児玉行俊　53
後鳥羽院女房信子　204-206
後鳥羽天皇・上皇　7,193,199,204-207,209-212
近藤国平　101-103,109,124,125

―さ　行―

嵯峨天皇　89,90
佐々木定綱　90,138
佐竹氏　87
鮫嶋氏　88
鮫嶋宗家　88
三条公佐　7,200-206,212
三条（阿野）実直　201
島津忠久　177
下妻弘幹　156
承明門院在子　204-206
白河上皇（院）　32,38
神武天皇　95
崇徳上皇　40,47,89
清和天皇　95
宣陽門院　167,173,174
曾我祐成　79,156,157
曾我時致　79

―た　行―

平清盛　8,42,69,71,72
平惟盛　84
平忠常　23
平忠盛　38
平知盛　69
平直方　32
平将門　13,14,91
平正盛　31,38
平良文　23,29
武田信義　86
多気義幹　156
田代信綱　122
丹後局　167,173,174,181
秩父系児玉氏　49,50,51,53,54
秩父氏　5,21,22,29,30,31,37,42,45,49,51,55-60
秩父重隆　6,9,30,40,41,47-54,56,57,59,68
秩父重綱　29,30,34,37,39,41,49,53
秩父（葛貫）能隆　6,51-56
千葉氏　21
千葉常胤　87,140,150,162,175
陳和卿　167
土御門院　204
土肥実平　100,121-124
鳥羽法皇　47

―な　行―

内記太郎　33-36,38
内記行遠　34,35
中原（藤原）親能　101,111-118,128-130
中原久経　101-103,109,124,125
中原（藤原）広季　111
中山忠親　91
那須光助　151,158,160
二条天皇　66
新田義重　54,155,158
能円　204,205

―は　行―

畠山重忠　30,42,56,58
畠山重能　49,50,51,54,55,57-59
八田知家　154,156,158,195
平賀義信　170
藤原家成　70,74,201,203
藤原公房　206
藤原実国　201,204,205
藤原実資　92
藤原実房　204,205
藤原実世　204,205
藤原信西　89,90
藤原資業　92,
藤原盛子　71,72
藤原隆季　74
藤原隆季　205
藤原隆仲　203,205
藤原隆職　111
藤原忠実　48,69
藤原忠通　64,66,69-71,89
藤原成親　201,203,205
藤原信説　57,61,68,69
藤原信頼　5,57,61,68,69,70,72,74,201,203
藤原範茂　93
藤原盛重　32,38
藤原光親　93
藤原宗佐　32,35,38
藤原宗行　93
藤原基実　66,70,71
藤原基房　71
藤原基通　69-72
藤原泰衡　135,141
藤原頼嗣　188
藤原頼長　40,48,69
藤原頼通　38
北条経時　188
北条時定　151
北条時政　3,4,80,100,127,128,151,155,156,159,195
北条時頼　188
北条政子　140,172,173
北条義時　137,152,155

―ま　行―

三浦為次　34,37
三浦義明　55
三浦義澄　42,56,87,175
源実朝（千幡）　140,141,185,188,192,209,210,212
源実能　89
源隆保　174,187,190
源為朝　39,54
源為義　32-41,47,49
源具実　204-206
源範頼　100,110,129,134,156-159,161
源雅定　89
源雅頼　112
源通親　167,205
源通具　204-206
源基実　204
源康忠　117

源行家　79,84,105
源義家　22,31,32,37,42
源義賢　6,40,41,47-50,53-55,68,70
源義国　32
源義忠　32
源義親　31,32
源義綱　31
源義経　4,79,84,97,99,100,101,103,105,106,110,112-118,120-123,125,128-130,135,141,153,159,160,194
源義朝　5,30,40,42,45,47-49,54,55,57,59,61,67-70,78,80,84,125,194,201,203
源義仲　2,3,99,100
源義平　6,30,40,41,47-51,54,55,57,59,61,69,70
源義光　32
源頼家　133-135,172-175,183-187,192,195,212
源頼茂　7,190,191,192,193,207,209-212
源頼朝　3,4,6,7,21,41,42,56-58,60,62,79,82-95,97,99,100,105,112,114-116,118,120,122,125-127,133-142,144,145,148-162,165-187,190-192,194-197,201,202,207,212,213
源頼政　192,207,209,212
源頼義　23,31,153

—ま～わ行—

宗尊親王　81
村山氏　28-30,39,43
村山頼家　23,28
村山（平）頼任　23,28,43
安田義定　157,158,159
安田義資　157
山木兼隆　79
横山隆兼　33,36-38
横山経兼　23
和田義盛　2

Ⅲ　地名・寺社名索引

—あ　行—

愛甲荘（相模）　34,36,38,44,45
藍沢(駿河)　151,155,160
藍沢原（駿河）　93
青墓（美濃）　34,36,80,82,168,169
足柄関(峠)（相模）　6,83,92,93
阿野（荘）（駿河）　82,194,195,198,202
鮎沢（宿）（駿河）　82
泉木津荘（山城）　107,122
伊勢神宮（伊勢）　95
板鼻宿（武蔵）　154
稲毛新荘（武蔵）　71
稲毛荘（武蔵）　5,44,47,63-66,69,72,73
稲毛本荘（武蔵）　71
入間野（武蔵）　153,154,158
石清水八幡宮（山城）　31,167
浮島が原（駿河）　86,87
浮島沼（駿河）　86
大岡牧（駿河）　80,83
大蔵＜館＞（武蔵）　30,41,47,48,52,55,68
大庭御厨（相模）　40,49,68

—か　行—

篭坂峠(駿河)　93
賀嶋（駿河）　85-88
鎌倉（相模）　31,40,41,49,55,68,84,85,100,137-139,155,167-171,194,197,202,210,211
鎌倉由比ヶ浜（相模）　31,42,56
賀茂別雷社（山城）　107
萱津（尾張）　80,82,168,169
感神院（山城）　120
神野旅舘（相模）　155
木瀬川（駿河）　6,78,83,85,87,92-94
黄瀬川＜宿＞（駿河）　6,7,77-88,92,94,95,168,169,191
衣笠城（相模）　42,43,56,58
金勝寺（山城）　106,107
葛貫（武蔵）　52,53
来栖荘（紀伊）　108
車返＜宿＞（駿河）　77,83
建仁寺（山城）　194
高野山金剛峰寺（紀伊）　117

—さ　行—

佐野荘（駿河）　82
鮫嶋（駿河）　87,88
狭山丘陵（武蔵）　43
宿谷村（武蔵）　53
修善寺（伊豆）　157
関戸宿（武蔵）　154
関本（相模）　93
相馬御厨（下総）　40,49,68

—た　行—

大泉寺（駿河）　194
多胡郡(武蔵)　31,40,41,48
垂水牧萱野郷（摂津）　121
中尊寺（陸奥）　141
鶴岡八幡宮（相模）　31,137-139
手越（駿河）　79
伝法院（紀伊）　113,118
土肥郷（相模）　88
東大寺（大和）　14,151,166,167,173,176,179

—な～ま行—

長尾寺（武蔵）　195
那須野（下野）　133,151,152,154-156,158,159,192
二階堂永福寺（相模）　141
橋本・橋下（遠江）　80,82,168,169
原中宿（駿河）　77,82,83
比叡山延暦寺（近江）　15
富士川（駿河）　86-88
富士沼（駿河）　85,86
富士の裾野（駿河）　7,133,152,159,192
船木田荘（武蔵）　65
三島神社（伊豆）　79
三原野（信濃）　133,151,152,

154-156,158,159,192
毛利荘（相模） 44

Ⅳ 研究者名索引

—あ 行—

青木和夫 187
網野善彦 74,156,164
飯田悠紀子 74
石井進 9,18,134,161,162,164,181,189
石井良助 162,179,181,183,189
石母田正 13,14,18
入間田宣夫 2,9,45,172,187,190
上杉和彦 89,90,96
上横手雅敬 49,50,60,101,128,144,146,162,190
大村拓生 92,97
大山喬平 2,3,4,99,127,193,209,211,213
岡田清一 9,45,49,50,61,74,164
小川信 28,29,43

—か 行—

加藤友康 97
鎌倉佐保 45
川合 康 1,8,128,135,162,163,190
川尻秋生 91,97
河音能平 3
木内正広 114,129
菊池紳一 9
工藤敬一 189
黒川高明 142,146,189
河内祥輔 94,95,97,172,186
五味文彦 9,49,61,161

—さ 行—

櫻井陽子 8,162,215
佐藤進一 96,130,177,188
杉橋隆夫 144-146,148,162-167,173,179-181,186,189
鈴木宏美 164
関幸彦 186

—た 行—

高橋修 9
高橋昌明 2,8,16,18,45,153,158,163,164,189,201,214
竹内理三 106
田代脩 74
田中稔 10-104,106,108,128,130,149,162,163,165,177-179,187
千葉徳爾 134,135,162
戸田芳実 14,15,18
友田吉之助 101,128

—な 行—

永井晋 193,213
中澤克昭 162,164
貫達人 49,58,61,97
野口実 9,21,34,35,37,44,58,61,74,164

—は 行—

原勝郎 12,13,18
久野修義 166,167,173,179,181,182,185,187
菱沼一憲 160
福田栄次郎 128
藤本元啓 128
保立道久 96,194,201,213

—ま・や・ら行—

松井茂 101,111,112,116,128
松原誠司 9
三浦周行 193,209,213
峰岸純夫 6,9,45,49,51,54,59,61,74
安田元久 44,49,61,101,128
山本幸司 186,187,193,197,209,213
湯山学 34,35,44
ランケ 12,13
リース 12,13
利光三津夫 89,96

初《しょ》期《き》鎌倉《かまくら》政権《せいけん》の政《せい》治《じ》史《し》

■著者略歴■

木村茂光（きむら　しげみつ）

1946年　北海道洞爺村（現洞爺湖町）に生まれる

1978年　大阪市立大学大学院文学研究科博士課程満期退学

現　在　東京学芸大学教育学部教授

日本学術会議会員（史学委員会）

主要著書

『日本古代中世畠作史の研究』校倉書房、1992年、『「国風文化」の時代』青木書店、1997年、『日本初期中世社会の研究』校倉書房、2006年、『中世社会の成り立ち』吉川弘文館、2009年、『日本農業史』（編著）吉川弘文館、2010年

2011年10月10日発行

著　者　木　村　茂　光

発行者　山　脇　洋　亮

組　版　(有)　章　友　社

印　刷　モリモト印刷(株)

製　本　協栄製本(株)

発行所　東京都千代田区飯田橋4-4-8
(〒102-0072)東京中央ビル　(株)同成社
TEL 03-3239-1467　振替 00140-0-20618

ISBN978-4-88621-579-6 C3321